国家出版基金项目
NATIONAL PUBLICATION FOUNDATION

文化艺术经济学译丛

文化政策经济学

The Economics of Cultural Policy

David Throsby [澳] 戴维·索罗斯比 著 易昕 译

东北财经大学出版社 大连
Dongbei University of Finance & Economics Press

The Economics of Cultural Policy (0521687843) by David Throsby, first published by Cambridge University Press 2010.

辽宁省版权局著作权合同登记号：图字 06－2013－86
This simplified Chinese edition for the People's Republic of China is published by arrangement with Cambrige University Press, New York. Cambridge University Press & Dongbei University of Finance and Economics Press 2013.

图书在版编目（CIP）数据

文化政策经济学／（澳）索罗斯比著；
易昕译．—大连：东北财经大学出版社，2013. 12（2022. 10 重印）
（文化艺术经济学译丛）
ISBN 978－7－5654－1195－3

Ⅰ. 文…　Ⅱ. ①索…　②易…　Ⅲ. 文化政策经济学　Ⅳ. G05

中国版本图书馆 CIP 数据核字（2013）第 115912 号

东北财经大学出版社出版发行
大连市黑石礁尖山街 217 号　邮政编码　116025
教学支持：(0411) 84710309
营 销 部：(0411) 84710711
总 编 室：(0411) 84710523
网　　址：http：//www. dufep. cn
读者信箱：dufep @ dufe. edu. cn
大连图腾彩色印刷有限公司印刷

幅面尺寸：170mm×240mm　字数：162 千字　印张：17. 5
2013 年 12 月第 1 版　　2022 年 10 月第 2 次印刷
责任编辑：李　季　刘　佳　孙　越　　责任校对：王　娟　孙　萍
封面设计：张智波　　版式设计：钟福建
定价：62. 00 元

前　言

无论是在国内还是在国际上，文化政策正越来越成为政府政策的一个重要组成部分。政府政策议程中的文化政策包括：创新性产业作为革新、发展和结构调整的动力来源在所谓的新经济中的前景如何；艺术和文化在城镇的就业和创收，尤其是在那些受经济衰退影响的地区所扮演的角色；政府当以何种合理方式来支持创造性和表演性艺术；有关文化产品和服务中知识产权的立法和经济问题；文化遗产保护的公共/私人合作伙伴关系。在国际上，文化产品和服务的贸易问题在多边和双边贸易谈判中正日益变得重要；与此同时，有关文化多样性的《联合国公约》正在对发达国家和发展中国家的文化政策产生越来越重要的影响。

一些国家对文化政策领域有有着越来越浓厚的研究兴趣。正如我在本书最后一章中所指出的，这种兴趣大部分来自如今已在欧洲稳固建立起来的严谨的文化研究传统，尤其是在英国。另外，文化政策研究方面还有其他一些分支对该领域的发展具有理论和实证两方面的贡献，包括大量有关现实世界中政策管理问题的研究。相对来说，这些研究从主流经济学理论和分析的角度出发的却并不多。然而，可以认为，经济学——宏微观经济学、公共选择理论、制度经济学及其他理论——在理解艺术和文化是如何与政府政策的形成和执行息息相关方面起到了很大作用。考虑到当代社会中很多公共政策——无论是教育、健康、社会服务、环境还是其他方面——正越来越多地从经济学术语的角度进行阐释，如果不正确理解其与经济政策决策的关系的话，有关艺术和文化的政策就将被边缘化，并失去与主要政策决策的联系。

近年来，文化政策在实际的解释方面进行了重新定位。过去，许多国家的各级政府的文化政策都注重创新性艺术。近年来，由于所谓创新性经济的增长和文化产业的出现，政策重心开始向艺术和文化领域的经济潜力方面转移。随着新的盈利模式在文化产品和服务的生产、分配和消费等环节的出现，信息和通讯技术的迅猛发展极大地促进了文化产业创新。在这一情况下，在进行政策分析时正确理解这些趋势的经济性原因、结果及其对文化政策决策传统模式的革新性影响是至关重要的。

本书旨在从一个更广的经济视角来分析文化政策的决策过程，以填补这方面的研究空白。这一目标有理论和实践两方面的任务要完成。首先需要建立一个从经济角度研究文化政策的理论基础。本书所讲述和讨论的相关经济理论和分析方法就是考量特定政策应用的基础。从实践层面来看，则有必要说明文化政策在很多方面的运用——艺术、文化遗产、文化产业、地区发展、版权、国际贸易等。

本书有两个可能的读者群：首先是那些对切实可行的文化政策运作的经济模式感兴趣的政策分析家和研究者；其次是那些在当代市场经济中，在管理国家的艺术和文化领域时要面对很多日常问题的政策制定者们。

本书并没有分成几个部分，虽然前三章和最后一章稍稍有别于其他章节：前者概述了当代文化政策的现状，后者则阐述了如何看待文化政策作为现代社会中政府所奉行的整体政策的一部分。其他章（第 4 至第 14 章）对文化政策的各个方面逐一进行了讨论——艺术、文化产业、文化遗产、城市问题、旅游、国际问题、文化多样性、教育、发展、知识产权和文化统计等。

从某种意义上来讲，本书是笔者早前为剑桥大学出版社所写的《经济学与文化》(2001) 一书的续篇，并承接了后者的一些中心思想。《经济学与文化》的主题之一是将经济价值与文化价值两者区别开来，并且认为，虽然经济在艺术和文化的生产、消费和分配上起到了很重要的作用，但要全面了解文化现象与经济现象之间的关系还应该从一个更广的角度出发。因此，文化价值这一概念作为文化产品与服务的生产和消费过程中所产生的价值的重要组成部分，与其他那些可以用经济分析工具来衡量的价值一起被介绍进来。本书在讲述文化政策这一问题时援用了这一区分，即在用经济方法分析文化政策时有必要考虑到该政策所涉及的经济和文化两种价值。

很多人为本书的写作提供了不同形式的帮助。我要对我的同事和朋友表示万分感谢，他们在一些研讨会和座谈会上的著作以及讨论帮助我形成了自己的思想。我还要感谢那些我使用过的图书馆，它们既是不可或缺的资料来源，也是学术思考的避风港。特别地，我要感谢麦考利大学图书馆、悉尼大学的费舍尔图书馆以及新南威尔士州立图书馆。我还要感谢麦考利大学的“艺术、文化和遗产中的经济学研究项目”的同仁们，他们在本书写作的各个不同阶段提供了大量帮助，尤其是 Anita Zednik，Jan Zwar 和 Nick Vanderkooi。另外还要感谢本书的编辑，Laura Billington，她的专业付出和中肯评价是本书得以完成的一个必不可少的环节。最后，一如既往地，谢谢罗宾。

戴维·索罗斯比

2009 年 6 月于悉尼

中文版序言

比起那些基于物质生产（如工农业）而产生的经济学分支，文化经济学的历史要短得多。其中一个重要原因，大概在于文化是一个非常广泛的概念，要给它下一个严格而精确的定义是一件非常困难的事情。迄今为止，人们对文化做了数以百计的解释，但仍没有获得一个公认的、令人满意的定义。然而不管文化的内容如何庞杂，如何难以界定，可以肯定的是，当今世界，我们正在见证一个由似乎势不可挡的经济力量而导致文化演变的过程。与此相应，各个国家和地区也越来越注重用经济手段来引导和管理文化的生产与消费。文化经济学正是在此境况中应运而生。

中国是个有着悠久文化传统的伟大国家。长期以来，中国的文化与经济之间的紧密联系是显而易见的。但在过去，文化似乎被认为是上层为保持强大的传统、维护稳固的统治而展开的精英活动。到了当代，这种联系才被中国的公共政策决策程序所明确认可。当代政府管理涉及的领域包括创意产业、文化遗产保护、文化贸易、城市和区域发展、旅游以及对创意艺术的支持。所有这些领域（甚至包括更多方面）都是文化政策的关注点。中国正在努力建设成为一个经济发达、文化繁荣的现代化国家，如果要使丰富的中国文化资源之经济潜能完全和正确地开发出来，就必须让各级政府理解文化和经济政策决策之间的关系。本书提供了一个从经济学角度来理解文化政策的视角。笔者非常高兴地看到本书中文版的出版。我非常感谢易昕博士将此书翻译成中文，同时也衷心希望此书能对加深理解中国政策的这些重要领域有所贡献。

戴维・索罗斯比

麦考利大学，悉尼，澳大利亚

2013 年 4 月

目　录

第 1 章　**序言**/ 1

文化政策面临的变化/ 3

政策回应/ 7

本书的大纲/ 9

第 2 章　**文化政策的范围**/ 15

引言/ 17

文化商品和服务/ 18

价值和估值/ 20

文化领域的构成/ 25

生产、分配和消费/ 27

政府职能中的文化政策/ 31

结语/ 33

第 3 章　**文化政策进程**/ 35

引言/ 37

文化政策的经济目标/ 38
文化政策的艺术和文化目标/ 46
政策措施/ 50
监测和评估/ 57
结语/ 59
第 4 章 **艺术政策**/ 61
引言/ 63
今天的艺术政策是什么/ 64
直接支持/ 69
间接支持/ 79
个体艺术家的作用/ 86
结语/ 89
第 5 章 **文化产业**/ 93
引言/ 95
明确文化产业在经济中的角色/ 97
衡量文化产业的经济贡献/ 101
行业能动力 (industry dynamics)：经济和文化发展/ 105
文化产业的政策策略/ 108
结语/ 111
第 6 章 **文化遗产**/ 113
引言/ 115
遗产作为资产/ 116
价值/ 117

遗产管理的政策问题/ 123
公共政策和建筑遗产/ 126
公共政策与可移动性遗产 (movable heritage) / 130
公共政策和非物质遗产/ 134
文物政策的国际层面/ 135
结语/ 137
第 7 章 **城市和地区发展中的文化**/ 139
引言/ 141
概念/ 142
城市环境中的创造性/ 146
建筑的角色/ 151
结语/ 153
第 8 章 **旅游**/ 157
引言/ 159
旅游的经济学层面/ 160
大众旅游中的文化问题/ 164
文化旅游中的小众市场/ 165
结语/ 167
第 9 章 **国际经济中的文化**/ 169
引言/ 171
文化贸易/ 171
国际文化关系中的非贸易问题/ 180
结语/ 183

第 10 章 **文化多样性**/ 185
引言/ 187
文化多样性的价值/ 187
多样性的起源作为文化政策的一个方面/ 189
联合国教科文组织大会流程/ 192
政策含义/ 193
结语/ 195
第 11 章 **艺术教育**/ 197
引言/ 199
教育的经济学分析/ 199
学校的艺术教育/ 201
艺术家的教育和培训/ 204
教育作为艺术消费的决定因素/ 207
结语/ 208
第 12 章 **文化与经济发展**/ 209
引言/ 211
文化发展/ 212
文化与可持续性/ 214
政策的影响/ 215
结语/ 217
第 13 章 **知识产权**/ 219
引言/ 221
有关版权的经济常识/ 221

艺术家权利的管理：版税征收协会背后的经济含义/ 225
新技术的影响/ 229
版权的国际法规/ 231
发展中国家的版权/ 232
结语/ 233
第 14 章　**文化统计**/ 235
引言/ 237
文化统计数据的类型/ 238
一些特殊用途的统计数据/ 247
建立文化统计新框架/ 250
结语/ 252
第 15 章　**总结**/ 253

第 1 章
序言

常言道，万事开头难。在一块空白的画布上画下一笔，即使对一名专业的画家来说也是使人畏缩的。

西蒙·詹宁斯：《新艺术家手册》，载自《绘画艺术指南》，2005

文化政策面临的变化

1967 年，联合国教科文组织（UNESCO）在墨西哥城召开了一次国际会议讨论文化政策。此次会议的一个成果是一系列专题论文在 20 世纪 70 年代至 80 年代初期应运而生，而且各会员国分别讨论了其对文化政策的理解以及文化政策在各国的实施状况。随后的汇编报告对三四十年前世界各国政府如何解释和执行文化政策提供了非常有益的观察。

在那个时代，文化政策的主要关注点在于艺术创作——艺术家如何对社会文明作出贡献，如何让更多的人从艺术品消费中受益，如何提高教育和媒体的艺术内涵。例如，英国的报告讨论文化政策在英国艺术家协会、地方当局以及区域性艺术家协会之间的传递和协调；报告中提及英国广播公司（BBC）和出版社，但只局限于 BBC 对艺术的报道和制作方面的贡献而并未涉及其广泛的文化背景[①]。对许多国家，尤其是发展中国家来说，文化遗产政策也是文化政策的一个重要内容。玻利维亚的报告尤为典型，该报告通过文化（尤其是语言、音乐、礼仪和传统等无形文化遗产）来强调玻利维亚后殖民时代的爱国主义。

联合国教科文组织（UNESCO）的系列报告为文化政策在这些年的巨大变化提供了一个生动的、全景式的说明。然而，除了作为获取和安排以文化为目的之公共资金的一个管理手段偶尔被提及以外，20 世纪 70 年代的文

① 见格林和维尔丁（1970）。

化政策报告很少包含文化经济学[①]。而今，在新纪年的开始之时，经济的影响已经无所不在，而且文化政策的解释和应用方式已经有所转变。有许多因素促成了这种转变，但可以将其归为两大类：一是文化的；二是经济的。

首先，从文化政策的应用来看，“文化”概念的范围已经从只关注艺术和文化遗产扩展到对生活方式的解释。这种从人类学或社会学角度将文化定义为一个共同的价值观和经验的表达绝非新潮，而是文化政策原理之基础；但是将此原理应用于实践的时间不长，而且将文化政策的适用范围扩大到包括更广泛的社会政策的趋势还在继续。与此相应的是，以往将“艺术”等同于“高雅文化”的观念正在破除，高雅和流行文化或艺术之间的贬义性区别已大大消除[②]。取而代之的是将各种文化产品和消费习惯都标注在一份频谱图上，而其坐标系中常常使用诸如商业与非商业、传统与先锋、大规模与小规模、大众与专业、多数与少数等标签来描述。由于文化概念的使用不断扩展到高雅艺术解读之外，文化活动及其政策广度已经扩大，文化政策的涵盖范围已经从艺术和文化遗产延伸到包括电影、广播和印刷媒体之政策；文化产业已经涵盖诸如时装、建筑设计、旅游、城市和区域发展、国际贸易、外交等更多的领域。

其次，目前我们正在见证的导致文化政策变化的第二个主要因素是经济环境的急剧转变、而其中文化产品的制造、分配和消费是由宽泛的“全球化”所带来的。“全球化”这一术语在当代已被广泛应用，以确定一系列在经济、社会和地缘政治等领域可以观察到的相关趋势。从本质上说，“全球

① 事实上，在 1967 年会议的初期联合国教科文组织就曾经积极主张承认文化和发展之间的经济联系，指出“经济和社会发展要与文化发展携手并进”（联合国教科文组织，1969：10），并鼓励将经济模型用于艺术的生产、分配和消费。

② 有关艺术和大众文化在文化政策方面的评论文章，见奥康纳（2006）。

化”可以被定义为三种现象：资源尤其是资本和劳动力在国家和地区间流动的障碍被打破；随着本国和跨国公司商业机会的不断增加，许多商品的全球化市场已经出现；通信的国际化导致文化符号和信息在全世界自由传递。这些现象下面既有技术的也有经济的因素；数字化革命、跨越不同领域的计算能力之飞速发展、网络的成长以及新的通信和数据传输技术的发明，综合起来为全球化提供了技术方面的原动力，从而为各国及国际政策制定所广泛接受的新自由主义经济学原理提供了产生及发展的广阔的社会、文化及经济背景。

这些趋势对艺术家、创业者、商业和非商业电影制作、文化产品的分配以及文化机构和消费者的影响是十分深刻的。首先，在文化生产领域新的通信技术培育出新的文化表述形式，开辟了新的文化交换途径。在一些前沿领域，使用新媒体的艺术家正在试验用新的方法创作艺术并与顾客交流；由于它们在艺术和商业方面的最终回报是不确定的（但有可能是很大的），这些探索类似于工业领域的研发活动。曼钮·卡斯特（Manuel Castells）曾经指出，这一新的技术环境可以描述为文化的，只要其发展动力是取决于“创新的文化、风险的文化以及最终未来希望的文化”[①]。

而且，新技术使文化生产者通过新途径来改善信息和市场服务以及更有效的管理体系等等来实现业务运营。例如，博物馆和公共画廊对馆藏品进行数字化处理，演出团体采用电子化售票，报纸提供网上阅读。同时，文化生产和销售的传统模式已经受到威胁；音乐行业尤为明显，通过互联网非法下载音乐作品不断影响着表演者、出版商和录音公司的收入。

全球化的文化影响在许多方面已经日益受到关注，例如，有些地方的文

① 详见卡斯特（2001：112）。

化表现形式、鲜明的民族性或区域文化认同将在全球文化市场的扩张下不堪重负，尤其是在发展中国家这种现象已非常严重。新的通信技术的采纳意味着文化信息和符号正在大量和快速地传送，这是前所未见的。在多数情况下，文化信息和符号与消费产品相关联，它们越渗透于市场就越广泛地分散于世界各地，并有使其规范化的必然性。这不仅包括全球化企业品牌所传达的熟悉的图像，而且还包括电视节目和流行音乐表演的歌曲所传达的更复杂的文化内容，所有这些都有益于我们生活在一个日趋均质的环境中。

然而，全球化对文化影响是综合的，因为它们是一个不断演变的动态过程。如果这种影响由上面描述的可被观察到的举世公认的文化符号来度量，那么一些同质性肯定存在。对于那些伸张自己文化特色的特殊群体，如地方社区或民族国家来说，外来文化影响的巨大威胁实际上可能更加突出。没有迹象表明，国家内部或国家之间的文化差异正在逐渐消失。特定的文化特性通过艺术、音乐、文学、礼仪及许多其他方式的庆祝活动在世界各地显现。

所有这些事态发展已反映出在这样或那样的经济环境中，其中文化产品的生产主要在不以营利为目的的行业。演艺公司和公共艺术画廊为了营利正面临更大的竞争；与过去相比，非营利的资源（如捐赠和赞助）更难得到。在小政府的新自由主义经济议程已经站稳脚跟的状况下，支持文化的公共预算正在萎缩，但是并没有扩大私人基金来弥补。艺术家感到资金困难，对艺术家经济状况的调查大都显示其收入来自创造性工作，而其收入没有随时间的推移有所变化。

影响文化政策方向的另一个因素是文化消费的性质在不断变化，促使其变化的是新的通信技术的传播。新一代消费者大量使用互联网、移动电话和数字化媒体，这不仅扩大了自己文化经验的范围，而且也使自己从文化信息的被动接受者转变为积极合作的文化内容的创造者。重新定义文化特性的发展过程所带来的权力感可能不断对文化政策的内容产生显著影响。目前，我们还不清楚随着消费者实际收入的上升、闲暇时间的增加和消费者口味的变化在未来将如何影响传统的和新形式的文化产品的需求。

政策回应

以上讨论的内容对地方、国家和国际文化政策的方向和模式都将产生深远的影响。政府不断地推动文化政策使之成为一项经济政策工具，从一定程度上来说不是一个新现象。在 20 世纪 80 年代，英国和澳大利亚等国家倡导艺术家对文化产业作为调整公共基金的手段之重要性进行讨论[①]。但是，文化政策作为经济议程的合作选项更加具有多样性，它来源于“创意经济”这一新概念，创意产业能在大的宏观经济范围内被确认并成为信息时代的经济活力源泉。这种想法来源于：创意，不论在艺术、科学、技术还是商业领域，对个体经济和整体经济而言都是创造经济成功的关键因素[②]。创意被认为是创新的前提，而创新是技术变化的动力并因此促进经济增长。从广义上说，创意经济包含远远超过文化产业在内的更广泛的行业，但是它有一个必不可少的组成部分，即文化政策的对象是文化产业。在后面的章节，我们将详细界定文化产业的定义并研究其政策含义。而现在我们集中讨论改变文化政策导向使文化在经济方面作用更强烈的文化政策的重要性。

创意经济之言论是有说服力的。创意是一个影响深远的活动，但其奥妙

---

① 从经济角度来看不存在有说服力的论据，有关测度那个时代艺术对经济的影响的尝试，见麦尔斯科夫（1988）。

② 详见霍金斯（2001），联合国贸易和发展会议（2008）。

即使对心理学家来说也是很难理解的[①]：它是人类智力活动的一种表现形式，还是人类以新颖的方式解决新问题的一个过程？从观众、读者和听众对艺术创造的接受角度来看，利用艺术创作来体验人类经验是令人迷恋的。捕捉这样一个难以琢磨的现象之经济目的更加耐人寻味，它有可能使艺术丧失独立性并使之服务于经济。如果这样一个逻辑顺序被接受：从艺术开始，通过艺术创造力、总的创造力、创新、技术进步、竞争等整个过程，在适当的时期内导致收入、出口、就业及其他指数的增长，政府的政策决策者将会对此予以关注。在过去的几个世纪内，我们以产出值和就业水平来计算许多发达国家的文化产业，文化产业的确显示出比其他行业（如制造业和农业）更快的增长速度；事实胜于雄辩，文化政策的经济合法性得以确保[②]。

近年来，将文化政策转化为经济政策工具的演变过程作为一个特性多少有点牵强；它似乎是将崇高的文化目的贬低为贪婪的市场需求而最终变成阿多诺/霍克海姆（Adorno/Horkheimer）式的文化商品化的噩梦[③]。可以肯定的是，当今世界我们正在见证由于似乎势不可挡的经济力量而导致文化演变的过程，这对有些观察者来说是令人绝望的；如果这种趋势影响到政府的艺术和文化政策，将会更加令人泄气。本书将论证文化政策对经济方面的关注，但这绝不意味着一种纯粹的文化和艺术对经济的概念意义上的投降。相反，本书的根本命题是，我们所关注的文化活动、商品和服务，它们在经济价值和文化价值之间有着本质的区别。而且，政府有多种目标，其中包括在

---

① 详见海斯和斯特拉顿（2003：70）。

② 有关文化产业和文化政策的关系在文化研究和政治经济传统上是一个长期讨论的课题（卡纳姆，1990；路易斯和米勒，2003；麦圭根，哈特利，2005；合斯默多哈利格和普纳特，2005；普纳特，2005）。但是，在20世纪发生的与全球化相关联的快速技术发展将文化产业及其文化政策的新功能引入到新的突出位置，见巴斯塔门特（2004）。

③ 对“文化产业”假设性的贬低描述，见阿多诺和霍克海姆（1947）。

各种形式的经济活动中随着经济价值的产生而创造出的社会文化价值。文化政策的鲜明特点在于一个被忽略的事实：它实际上涉及对文化、社会以及其单纯经济功能的超越。文化基础产业的颁布能成为文化政策的另一种解释，它使文化在国家政策议程上有一席之地，否则就难以实现。

简而言之，文化产品的价格有助于文化在头脑清醒的经济政策制定者的眼里合法化。这些政策制定者徉往不满足于一个文化政策，因为文化政策的重点在于公众对艺术的支持；他们认为各国政府没有特别的方案去资助商业上的活动，他们可能倾向于认为现有的艺术资助是通过明确又自私自利的艺术游说而调整战利品的结果。这些怀疑者对于艺术能否带来公众福利仍然是不明确的，而且他们认为，即使的确存在公共福利，社会是否愿意为此买单也是令人怀疑的。因此无法用由于市场失效而采取公共干预的理由强迫他们接受。但是，文化产业是一个不同的问题。现在，艺术可以视为与信息和知识经济相联系，促进创造力，接受新技术和扶植创新的活动，因而成为广泛又充满活力的经济领域活动的一部分。在这种情况下，文化政策可以从过去的初级状态中获救，进入有前瞻性政策议题的最前沿，而且成为令人尊敬的政策决策者的发展战略的基本组成部分。这样，文化产业议题就像一架特洛伊木马，通过它，文化潜入政策会议室，在那里发出自己的声音。

本书的大纲

本书运用理论和应用经济学分析文化政策。该领域的一些主要期刊对文化政策提供了如下定义：

> 文化政策可以理解为政府、法人及其他机构和个人对文化实践和价值的促进和限定。这些政策也许是明确的，其目的由文化来直接描述；也可以是隐含的，其目的隐藏于其他术语中[①]。

这一定义也包括了一系列行使文化政策的非政府行动者；虽然我们的讨论经常涉及政府以外的公司、机构和个人的利益与行动，但是我们主要从地方、区域、国家或国家的层面关注公共政策的行使情况。

本书的第一个任务是对文化政策进行有效的界定。第 2 和第 3 章分别概述文化政策的范围和政策内容的要素。在第 2 章，我们对文化产品和服务以及经济和文化价值作为随后讨论基础的基本概念进行界定。第 2 章还将对文化部门的组织进行描述，对艺术和文化的生产、分配以及消费进行解释。在这章的最后部分，我们将对与文化政策利益相关的公共部门的各部门和机构的范围做一个概述；列举的范围明确反映了上述文化政策关注的广度。

第 3 章从经济角度来讨论公共政策的决策过程。政策发展的第一步是树立目标，使政府有为之奋斗的方向。政府通常认为重要的经济目标都可以清晰表述，但是定义文化政策的艺术和文化目标却很困难，因为它们与艺术的卓越、多样性、文化的可持续性等概念相关联，而这些是很难确定和衡量的。然而，明确这些概念又是必要的，因为政策过程的其余部分依赖于它们。一旦目标被妥善说明，接下来需要关注的就是实现目标的方式。同样，我们从经济角度来讨论这一问题，需要明确政府使用的财政政策，监管机构的干预等使其政策方案行之有效的各个方面。该章的最后将讨论检测和评估的问题，这需要跟踪经济和文化的结果以判断政策方案或战略的成功与否。

---

① 参见近期《国际文化政策杂志》内部封面之“目标和范围”专栏。关于“隐含”的文化政策的讨论，见该杂志于 2009 年出版的第 15 卷 1 号特刊。

从第 4 章开始，本书的其余部分将逐章讨论公共文化政策关注的各个具体方面。正如前面讨论的，这个领域主要集中在过去的文化政策，尽管文化政策的发展方向在近年来有很大的变化，但其中心组成部分仍然是各地政府总的文化政策。尽管艺术政策（作为文化政策的重要部分）一直保留在议题中，但是在此期间它本身也在变化，并受不断改进的经济表现和近年来许多国家所见到的更大的公营部门提供政策问责制的影响。关键的政策问题是公共基金的调整，最佳资助的决定以及适当的财政拨款方式和途径。我们将讨论两种主要的对艺术家个人和组织提供支持的经济方式：由文化部门或艺术委员会提供的直接赞助和通过税务系统提供的间接支持。

创意艺术被认为是文化产业的一个基本要素，我们将在第 5 章讨论这些内容。定义是首先要处理的问题（它们是“文化”还是“创意”产业），随后我们将讨论可以明确测定和分析的文化参与对经济贡献的各种方式。然后我们将讨论文化参与的各种方向，先是从产业的经济贡献然后从其产出的文化价值方面来讨论。在考虑政策战略时，我们同时强调经济价值和文化价值的重要性，这是一个贯穿全书的思路。

如前所述，文化遗产政策在传统上一直是文化政策的一个主要方面，今天它仍然和过去一样重要。在第 6 章我们将明确我们所熟悉的三大类文化遗产：建筑、可移动的和非物质的文化遗产。所有这些从理论上被整合成文化资本项目——一个用于经济学但不同于社会学所接受的用法。对文化遗产的主要政策关注点是明确其价值。我们还将详细讨论如何明确评估文化遗产的经济价值，然后对文化价值做同样的工作。适用于文化遗产的政策问题通常是我们下一步考虑的事，这包括对文化遗产长期管理范式可持续性和适应性的讨论，对成本——收益分析的分析。接下来我们会讨论针对三类文化遗产的政策问题，然后对影响遗产管理和涉及有形和非物质遗产形式的国际惯例进行总结。

第 7 章专门讨论都市发展中的艺术和文化。虽然中央政府对这方面有兴趣，但它主要关心的是区域和地方的管理。涉及艺术和文化在城市发展方面的经济分析的基本概念包括社会、文化和自然资本，可持续性和可居住性。对这些概念定义之后，我们将继续讨论解释艺术和文化在城市发展中产生影响的三种具体方法：创意类别、创意群和创意城市。其中特别有意义的是建筑对城市文化生活贡献的重要性。

在一定程度上城市经济在世界上许多地方都依赖于大批游客，因此讨论城市经济中的艺术自然要讨论文化旅游，这就是第 8 章的主题。旅游经济作为应用经济学的一个分支涉及以下方面：旅游对国家、区域和地方经济的贡献；特殊项目的影响性研究；界定可持续领域的作用。“文物旅游”有两种可能的解释：一种涉及文化经验的消费，如大量游客参观剧院或画廊；另一种涉及由有识别能力的和专门的文化游客形成的市场。本章对二者都有涉及，并归纳出了一些政策建言。

关于国际领域，我们将在第 9 章讨论世界经济中的文化。在这里，我们主要关心的领域是贸易。所谓文化的特殊性，即文化商品和服务被认为的在贸易谈判中所具有的别于其他商品的特性，它已经成为近年来讨论贸易问题的一个重要着眼点。我们将兼顾支持和反对文化商品在贸易中获得特殊对待的观点。我们还将讨论文化贸易中的其他主要问题：“国宝”的出口和文化财产的遣返。最后，本章将考察国际文化关系中的非贸易问题，其中包括文化交流、文化外交以及文化对话。

第 10 章讨论近年来不断突显的文化多样性问题。在分析文化多样性的价值属性时，其重要性不断被认可。2001 年联合国教科文组织颁布的《关于文化多样性的共同宣言》和 2007 年开始实施的《保护和促进文化表达多样性公约》关于保护和促进文化表现形式多样性的政策被认为是推动文化多样性的主要动力。该公约的政策实施的潜在意义极为深远，而且由于在执行公约过程中得益而越来越被广泛称赞。

在第 11 章的开始，我们便阐明一个论点：文化政策和教育政策经常被视为是同类的，因为社会中的教育和文化总是相互关联。本章讨论了教育对人力资本的形成所作出贡献的经济解释，然后审视了艺术教育出现的两个领域：在中小学，儿童学习音乐、视觉艺术、戏剧、文学等等；在大学，艺术学校和学院关心的是艺术家的教育和培训。本章讨论在这两种情况下的教育政策，最后考察大多数艺术消费人口的决定因素，因为它受消费者的教育背景的影响。

发展中国家对文化政策有特别的兴趣。第 12 章概括了文化在经济发展中的作用，并讨论了那些旨在加强经济和文化贡献的政策措施，以及它们对艺术和文化发展进程作出的贡献。有必要再一次强调，在此的一个关键概念是可持续性，我们将介绍文化可持续发展这一新概念并提出一些指导原则。

一个可用来界定文化商品和服务的特点是其实际或潜在的知识产权内容。与创新产品相关的知识产权法及其实践的主要领域是版权。第 13 章从解释基本的版权经济学开始，讨论艺术家的权利诉求是如何通过诸如版权协会之类组织的合作行动来达成的。现代版权管理的一个最大关注点是数码技术的应用；这种改变（如视听产品的分配和消费的方式）使得用户绕道版权规定成为可能，这将对版权所有者的能力及其适当的创新性的努力产生负面影响。我们将讨论这些问题以及能够处理这些问题的政策措施。

在实施政策方案的过程中，一个重要的阶段是政策监测和政策评估。在文化政策领域，对政策方案实施监测和评估需要各种文化统计。第 14 章讨论文化政策分析师需要的各种统计数据，其中包括文化产业的业绩、就业、价格等方面的数据。这些数据也许由政府统计机构收集或通过独立的问卷调查获得；对后者我们更注重对专业艺术家的调查。关于文化产业统计数据方面遇到的一个困难是不同区域和不同国家的系列数据缺乏可比性。为了使各国文化统计汇编更加一致，联合国教科文组织统计研究所开发了新的文化统计框架。我们将讨论这一框架的结构和使用这一框架的前景。

本书的最后一章提出了一些共同的主题。本书讨论了作为理论和应用研究的文化政策研究的合法性，我们评估了大量应用经济学原理在这一领域的项目的有效，得出的结论是经济学的确对理解文化政策有所贡献。希望读者在最后会达成共识，至少会部分同意本书的最后结论。

第2章
文化政策的范围

怀着对人类不断追求完美的信心……我们对完美之所谓成为完美的原因、要素和意义等概念有了更清晰的认识，并逐渐用这些概念完善了完美状态的主体框架、内部组成和所有与之配套的律法和规则，让完美越来越成为我们所说的最佳的自我表述方式……

马修·阿诺德：《文化和无政府状态》，1869

引言

过去，当文化政策仅仅与创造性艺术有关时，对其范围的定义非常简单。被生产和被消费的商品与服务——艺术和文学创作、音乐创作、舞台表演等等——都非常容易识别；可能成为文化政策涵盖对象的个人和机构——作为供应方的艺术家、表演公司、音乐团体和作为接受方的“艺术观众”等等——在经济和社会舞台上占有一席之地。艺术的价值被理所当然地理解为文化政策用来促进社会进步和发展的动力。政府文化政策的责任自然而然地落在艺术委员会、文化部门或艺术资助机构等头上。

我们在前一章中所讨论的文化政策范围的延伸改变了上述这一切。构成文化产业输出方的商品和服务不再仅限于艺术，而且创造性商品和服务以及生产它们的行业需要重新定义。作为文化政策标的的上述产品的供求双方的范畴都远远超出了艺术这一领域，文化活动的价值现在也受到严格审视，而不是被理所当然地认为就是好的。文化政策范围的扩大也表现为与此相关的政府部门和机构的增加。

本章通过审视文化政策范围拓展的方式来认识这些变化。我们先关注生产与文化政策有关的产品和举办活动时遇到的基本问题，探讨时下文化商品和服务的定义方法及其价值的评估方法。然后分析文化领域的构成、文化生产的结构以及出现在现代公共管理领域中的文化政策的多重责任。

文化商品和服务

对文化政策进行经济分析首先要从该政策可能涉及的商品和服务的特性这一根本问题开始。如果它们像在市场上被买卖的其他商品和服务一样的话，那么有关它们的生产、分配、营销、运输和消费的政策制定与其他商品和服务不会有什么两样。而如果艺术商品和服务具有某些不同于其他商品和服务的特质，那它们就值得引起政策制定者们的特殊关注。

首先，我们来看几个容易混淆的术语："创造性产品"（creative goods）和"文化产品"（cultural goods）有时候是通用的，有时候又各自表示不同的意思。一个明显的解决办法是给两个定语"创造性"和"文化"赋予客观、明确的定义。这一方法需要首先给两个相应的名词定义。对*创造性*来说，很难用一个简单的定义来包涵这一名词所含有的各个不同层面。不过，我们至少可以说明创造性在人类活动不同领域中的特点。例如，我们可以说艺术创造性需要想象力、原创思维能力以及用语言、声音和影像来表达这个世界的新颖方式。这可以与主要是进行实验、解决问题的科学创造性进行比较。

至于文化，则可以从人文角度和功能角度两方面来简单定义，前者是指共同的价值、习俗、生活方式等，后者则是指艺术实践等活动。确定了文化的含义后，文化产品的概念就好解释了。现在，人们通常认为文化产品和服务，例如艺术品、音乐表演、文学、影视作品、电脑游戏等，有以下三个显著特点。

- 其生产过程需要付出脑力劳动。

- 它们是向消费者传递象征性信息的工具，也就是说它们并不只是为了功利的目的，而是服务于一个更大的沟通目的。
- 它们具有，或者至少可能具有，提供这些产品或服务的个人和团体所拥有的知识产权。

另外，文化产品被认为是一种体验产品、一种理性的、上瘾的产品，也就是说现在的消费会导致未来消费的提高，所以其需求是累积的①。

文化产品和服务还可以进一步从其包含或产生的价值这一角度来定义，也即是说除了具有商业价值外，它们还能产生 文化价值(cultural value)，而后者是不能完全用金钱来衡量的。换言之，文化产品和服务的价值为生产者和消费者双方所认可，并因为社会和文化原因而可能补充或超越纯粹的经济价值。这些原因可能是精神的、审美的，或是因为这些产品和服务对提高社会文化认同所具有的贡献。如果这种文化价值是可识别的，那么这可能是一个使文化产品有别于其他产品的显著特点②。

无论采用哪种定义，文化产品和服务都可视为“创造性产品和服务”这一广义范畴里的一个分支。后者仅仅是指在生产过程中需要用到某种创造能力的产品，而无需满足“文化”的其他标准。这样，“创造性产品”的范围就比文化产品要广，它还包括广告和软件等需要创造性的商业产品。因为本书的主题是文化政策，我们将使用文化产品和服务这一概念。

---

① 这是它们和有些物品（如毒品）等共有的一个特点，详见索罗斯比（2006：7）。

② 虽然一般认为文化价值是文化产品的一个指标，但对于如何评估前者却存在着很大的差异。例如，如果从广义的角度看待流行文化，那么具有文化价值的产品的范围就会变得很广，以至最终变成每样事物都具有文化价值，而文化价值这一概念也就变得没有意义。

价值和估值

对任何一个公共领域的政策决策来说，一个基本的考量因素是价值。个人消费的动机是吸引他们的商品和服务的价值，生产价值则是生产企业的工艺手法，而社会价值则很大程度上引导着（或应该引导）政府的决策。从根本上讲，一件商品、一项服务、一次活动或一次经历对个人或团体的价值指的是隐含的或根据某项标准的价值评级（更好与更坏，更高与更低）。某物被赋予价值的过程叫作估值或评估；史蒂文·康纳尔（Steven Connor）将其称之为“估计、赋予、调整、确定甚至否定价值”[①]。有时我们会用到价值提升(valorisation）一词，它指的是通过某种刻意行为或外部事件使某物被赋予价值的过程；例如，某一文化遗址的价值因为被列入世界文化遗产目录而得到提升。

文化政策范围的拓展意味着与政策决定密切相关的价值这一概念的相应拓展。以前，对文化的支持是文化政策的主要关注点，对价值的恰当阐释与艺术或文化标准相关联。当文化政策向经济方面倾斜时，文化的经济价值这一概念就必须被引进来；实际上，在许多文化政策决策中，替代战略的经济后果有可能起到决定性作用。因此，有必要明确“价值”作为文化政策基础这一概念。相应地，本书在考量文化政策的经济性时，会明确商品、服务、活动、行业、政策干预等所产生的经济价值和文化价值之间的区别；简言

① 详见康纳尔（1992：8）。

之，我们认为价值的二元性适用于文化政策领域的所有现象①。

要弄清经济价值和文化价值这两个概念在文化政策决策当中的应用，我们首先需要给出它们的定义以及评估方法。首先来看经济价值，在新古典经济学领域，边际效用的概念被用来解释消费者的价值观，这体现在竞争性市场某些特殊商品和服务的均衡价格以及人们愿意支付的非市场效用上。无论它是如何产生的，经济领域内的价值最终可以用经济术语解释清楚。与此相对应的是，对某一艺术品或其他文化现象之价值的解释就不是很清晰明确。很长时间以来它都是哲学、审美和艺术史等领域中争议的源头；实际上，后现代世界里关于价值的绝对理论和相对理论之间的矛盾冲突为文化理论制造了一个看不见出路的价值危机。辩论中的谁对谁错与我们的讨论关系不大；一个不可否认的事实则是，文化价值是复杂的、多元的、不稳定的，并缺乏一个共同的记账单位。

经济价值和文化价值之间的明显差别使估值这一过程落入一个两难境地。一方面，经济估值的原则是受限制的，这使得文化产品和服务的经济价值比较清晰明确；另一方面，文化价值却总是与准确、客观和手法的可重复性等因素格格不入。这两种特点给文化政策的一个核心问题造成不确定性，因此带来不同的决策导向：在进行有关文化产品的生产、分配和消费的决策时，应该考虑哪种价值？

无论如何，价值这一概念所具有的二元性及其附属的估值问题不应该影响在文化政策分析中全面而准确地评估价值这一任务。特别地，在运用一系列为应用经济学者所熟悉的方法评估文化产品和服务的经济价值上，我们已

---

① 经济价值和文化价值的二元性是包括经济学家、艺术历史学家、人类学家和文化理论家在内的跨学科小组就经济、文化和艺术等价值所做的一系列研究的一个共同主题；见亨特和索罗斯比(2008)。

经在理论和实证两方面取得了相当大的进展。让我们简略地看一下经济学者分析文化产品和服务的经济价值的基础。

在分析文化产品和服务的经济价值时需要认识到一个事实：这些产品属于 *混合产品*，即同时具有私人产品和公共产品两种特性。私人产品和服务是指那些利益完全为私人媒介（个人或机构）所享有的产品和服务。换句话说，这些媒介通过取得这些产品和服务的财产权而享有其利益。例如，人们买书或看戏一方面是作为个体享受这本书或这场戏，而他们对 *使用效益* 的估值则反映在该书的书价或这场戏的票价上[①]。另一方面，公共产品则是指那些利益为某一社区中的所有人享有的产品；经济学家称之为 *非排他性*(non-excludable)（一旦产生即为每个人所享有，没有人可以被排除在外）和 *非对手性*(non-rival)（一个人消费后不会减少其他人的消费量）。公共产品属于 *非市场产品*，因其拥有的权利是无法交换的，其利益产生于传统的市场程序之外。国防和电视台的免费节目等即属于公共产品的范畴。

与私人产品相比为什么某些文化产品和服务在功能之外具有这些造福于公众的特性？我们可以从大众如何看待一般性艺术品的价值这一角度来回答这个问题，它有别于公众如何看待某些构成个人消费经验的特殊艺术商品或体验。艺术的非市场性利润有三个来源：*存在价值*（人们看重艺术只因其存在）；*选择价值*（人们希望保留未来某个时候可以消费艺术的选择权）；*遗赠价值*（人们认为将艺术传承给下一代很重要）。在评估某一艺术产品或服务的经济价值时，所有这些价值来源都应该被考虑进去。这可以通过了解有多少人愿意为这些利益买单而衡量出来，例如向某一特殊基金会捐款或支

① 如果消费者愿意支付的书价或票款超过市场价格的话，那么他们所获得的利益就可能超过所支付的价格；超出部分被称为消费者剩余(consumer surplus)，严格地说，任何有关私人产品或服务的经济价值的研究都应该将之考虑进去。

持某项特别的预留税。已经有很成熟的方法来测量人们买单的意愿程度，包括附随评估法（contingent valuation method）和选择权模式（choice modeling）等。我们会在后面的章节里展开讨论。现在，只要记住对文化产品和服务的经济价值进行全面评估需要考虑的两方面，即文化产品和服务市场所展示的直接使用价值和由替代分析程序估计出来的非使用价值就可以了。

对新古典主义经济学家来说，要全面评估一项产品或服务，包括其市场和非市场价值，需要通过计算实际的支付金额或潜在的购买意愿来进行，其原因是如果一个人不愿意为某项东西付钱的话，就意味着他/她并不认为这项东西是有价值的。然而，跳出新古典主义经济学框架，我们在考量文化产品和服务的价值时就会碰到一些更深层的问题。例如，文化是否含有一些集体利益，它无法被分摊到个人头上（但这对决策者来说又是很重要的）？特别是，有一种担心认为，传统经济学模型无法涵盖文化产品所生成的具有文化意义的所有要素。这种观点让我们想到，在文化产品所具有的经济价值之外还存在文化价值。这里所指的文化价值是一个多层面的概念，它包括某一物品所具有的审美的、象征的、精神的或历史的所有品质。当然，这些品质会影响到个人对这一物品价值的评判，并在一定程度上影响人们对该物品价值的经济分析。不过，也有一种观点认为某些价值只能通过集体行为来实现，无法体现在个体的货币价值。以身份（identity）这一概念为例，我们说一个民族的文化很重要，因为它代表了这个民族的身份——讲述了这个民族的故事，告诉我们这是一个怎样的民族。很难将这一价值转换为人们的购买意愿；实际上，也很难将身份的价值用经济学语言来表述。然而身份对整个社会来说是很重要的，对文化政策决策也具有很大影响。

定义文化价值是一回事，衡量它又是一回事；如何把审美及其他非经济价值赋予艺术品、人工制品等物品是一些与艺术、文化和社会相关的学科长期面对的一个关键问题。从新古典主义经济学家的眼光来看，我们可以认为一件艺术品的文化价值体现在一个类似于简单的市场交换的过程中。当一件文化产品（例如绘画或小说）问世后，消费者汲取、解释和评价该艺术品所要传达的思想，并与其他消费者讨论和交换自己的观点。最终大家达成共识，该作品被评估的艺术价值可以用文化价格这一载体表现出来——一项各方通过协商以市场交易的形式达成的交换价值，这里的“市场”是为该作品的文化内容服务的。可以这样认为，创造性艺术家实际上提供了一个双重市场——一个是决定其经济价格的商品的有形市场，另一个是决定其文化价格的思想的无形市场（ideas market）。因为有形作品所具有的私人产品特性，商品市场在任何时候都有一个特定价格；而思想市场总有与艺术理念的公共产品特性相匹配的多重价值。两个市场的价格非但不是互相独立的，而且随着对艺术品的经济和文化价值的重新评估而不断变化。

这一理论看似言之凿凿，其实在实证分析方面缺乏吸引力。另外，如果要想将文化价值这一概念在文化政策决策过程中得以运用，还需要一些更为切实可行的东西。这可以从以下几方面着手：一是把文化价值这一概念分解成几个组成部分，各自给出确定的标准，二是用数值或级别等方式作出对价值的评判①。思罗斯比（2001：28—29）认为，某一艺术产品的文化价值表现在该创作的审美性、精神性、社会性、象征性、历史性和真实性等特质上，所有这些特质可以由每位观察者根据各项标准进行评估，然后汇总起来得到一个总体评估②。该作品所包含的每个因素的强度或重要性可以用序号

① 详见尼茨坎普（1995）、崔等（2007）。

② 有关评估艺术品的文化和经济价值的一个实证研究，见于索罗斯比和齐德尼克（2008）。

或定性级别等方式来表示。如果这种评估方法可以表现为或转换为一个分值，将会有一个好处：可以用加权系统来表现每个标准所具有的不同的重要性。很显然，这一方法是让评估得以正式表现的一种特例，否则就只能诉诸非正式程序了。这些方法对某些特定的政策选择来说可能是行之有效的，可以为替代性战略的文化价值提供某种定量的分析。

在这一评估过程中，谁的判断应该被考虑呢？在需要用到某些专业知识才能做出明确决策的公共政策领域，那些懂行的人的意见应该被听取。例如，在向医疗和科研系统拨款时，政府通常会听取专家们的意见。文化领域也是这样。如果需要对绘画、文物建筑或考古发现的文化价值做出评估，就应该认真听取艺术批评家、建筑历史学家以及考古学者们的意见。这样，在一些特定的政策决策中，一些在某一文化领域有所专长的专家会应邀对某一政策决策目标的文化活动的价值作出集体判断，或者采取一种更“民主”的方式，可以以民意调查或其他提取公众意见的方式来听取大众对某一文化政策的反应。两者都旨在以集体意见的代表性来克服个人判断的不确定性。

第 6 章有关文化遗产的讨论中还会谈到对经济和文化价值的衡量问题。

文化领域的构成

文化政策的范围得到拓展，不再仅限于艺术本身；与此相对应的是，对文化政策有兴趣的利益相关者——文化的生产者、分配者、消费者或政策制定者等——的范畴也扩大了。这些利益相关者构成了我们所说的“文化领域”，也就是在经济和社会中直接与艺术和文化的生产、分配或消费有关的组织和个人。我们将其分为以下几个群体：

• 文化工作者：文化工作者指从事文化生产的人，包括文化产品的直接制作者（艺术家和其他创造性专业人员）以及文化生产中的非创造性人员，例如艺术组织中的辅助人员。另外还包括音乐、戏剧、舞蹈老师及其他艺术和文化教育者和训练者。

• 营利性商业机构。营利性商业机构包括生产各种文化产品、提供各种文化服务的中小型企业以及少数全国性甚至跨国的大型组织。虽然这组织些是商业机构，但这些中小型企业都有着非常浓厚的文化倾向，而大型组织通常有着更强烈的营利目的。

• 非营利性机构。非营利性机构指文化领域内不以营利为目的的私人机构，在话剧、歌剧、舞蹈和音乐等领域很常见；偶见于其他领域，例如艺术家合作社或协会。这些组织都倾向于以艺术而不是以营利为目的。这一类别还包括专业社团、工会、行业组织以及那些非营利性的、提供艺术和文化服务的非政府组织。

• 公共文化机构。公共文化机构指从中央到地方的各级政府都会拥有和经营各种形式的文化机构，包括博物馆、美术馆、图书馆、档案馆、文化遗址、表演艺术公司和场地、公共广播公司等。

• 教育和培训机构。教育和培训机构包括提供艺术和文化教育、培训和技术发展等服务的学校、大学和其他单位等，例如艺术学校、音乐学院、戏剧学院等。它们可以是公立的，也可以是私立的。人们对艺术和文化的关注也渗透到普通教育体系中，尤其是把艺术列为中小学课程一部分这种方式。

• 政府部门和机构。政府部门和机构包括文化领域内一系列负有直接或间接责任的公共服务部门。我们后面会详细谈到其构成。

• 跨国组织。跨国组织指国际层面的文化政策决策牵涉的一系列联合国组织和机构。联合国教科文组织（UNESCO）是其中最主要的，但还有许多其他可能属于也可能不属于“联合国”的跨国组织，包括联合国开发计划署（UNDP）、联合国贸易与发展会议（UNCTAD）、联合国粮食及农业组织（FAO）、世界知识产权组织（WIPO）、经济合作与发展组织（OECD）和世界银行（The World Bank）及其他非政府机构的跨国组织。

- 消费者和消费者组织。消费者和消费者组织是一个非常大的类别。从某种意义上讲，每个人都是文化的消费者。从这个角度来看，文化政策的范畴尤其宽广；譬如，几乎每个人都会看电视，一个有关电视节目内容的政策法规几乎会影响到社会中的每个人。对文化消费的分析通常采用理查德·彼得森（Richard Peterson）所谓的“杂食动物”（即品种繁杂的文化消费者）和“单食动物”（即只专注于某种文化形式的消费者）理论来解释①。

生产、分配和消费

上述章节谈到现代社会中关注文化政策的利益相关者的范畴的扩大，这意味着与之对应的文化政策决策者的兴趣范围也拓宽了，从仅仅是关注艺术的简单生产和消费过程发展到关注经济和社会中文化产品和服务的生产、分配和摄取的更复杂格局。在这一节，我们将讨论描述文化生产领域利益相关者之间关系的两种互为补充的方法：价值链的概念（the concept of the

---

① 见彼得森（1992）；有关实证研究，见陈和戈德索普（2005）。

value chain）和同心圆模式（concentric circles model）。

文化产品和服务的价值链

从最简单的形式来看，文化生产链的分析模式是指从最初的创意，到创造出一种产品或服务并进一步使其得到价值提升，再进入营销和分配渠道，最终到达消费者手中。对某些文化产品来说这一过程非常简单，例如，一位视觉艺术家在街摊向公众直接出售自己的作品，就是一种只有一个过程的价值链。而对有些产品来说这一过程可能会非常复杂，因为最初的创意在后续阶段可能会被改变或更新。例如，一部音乐作品的创意可能从作曲家谱写一首曲子开始，这首曲子被交给出版商，后者将之印刷出版。这样，这个音乐作品的创意可能会变成在观众面前的现场演出，其演出再被唱片公司录制下来进行推销。唱片经过一系列批发和零售的增值渠道被消费者购买，或者被上传到网上后被消费者下载，这一在线交付方式可能是收费的也可能是免费的。这首曲子还可能被某部电影用作背景音乐，从而进一步得到增值。这样，整个价值链的效应是递减的，其结果之一是最初想出创意的人（作曲家）在所有收入中所占的比例减少了。

对某些文化产品来说，这一具有明显线性特点的价值链可以由某种类似价值网的东西替代，也即用多重投入、反馈回路以及具体入微的"价值创造"体系代替简单的阶段化的程序[①]。譬如，电影的拍摄需要一种复杂的多层面的体系来黏合其所需的创造性的和非创造性的投入以完成最终产品，甚至还有可能需要进一步的修改和加工。确定这一过程中不同工作人员分别创造的价值是件非常复杂的工作。

---

① 见赫恩（2007）；价值网络可能与数字化环境尤其相关（基伯尔和卡瓦纳，2008）。

从政策干预的角度来看，将文化生产过程视为价值链这一方式有利于分析政策干预在价值链的不同节点的效果。例如，在分析现有政策法规的影响或决定未来政策法规实施的最佳时间时，政策分析师可以用价值链这一概念来确定干预的效果、何时将实现或已经实现、处于干预点的上游或下游，受到影响的利益相关者分别是谁等。

文化领域的同心圆模式

当代政策环境中文化政策的一个主要关注点是文化产业的发展，因此有必要将这些产业概念化，并了解它们之间的关系以及与消费者之间的关系。我们将在第 5 章中具体讨论文化产业；这里只简单介绍一下经济价值和文化价值之间的区别是如何用于建立文化产业的研究模式的。

基于这种价值差别的研究，文化产业的模式之一是所谓的“同心圆模式”[①]，即文化产品和服务的文化价值（或文化内涵）是文化产业最显著的特点。不同产品具有不同的文化内涵，并对应不同的商业价值；该模式认为，某一产品或服务的文化内涵越丰富，提供这一产品或服务的产业就越有资格被视为文化产业。同心圆是这样的：在圆的中心是那些根据给定的标准来看文化内涵和商业内涵之比最高的核心产业；随着产品和服务的文化内涵降低，商业价值升高，圆弧一层层向外展开。具体来看，最核心的创造型艺术（音乐、表演艺术、视觉艺术等）在中心，外面围绕着其他较核心的产业，如电影、博物馆和美术馆等。接下来是媒体、出版等更广义一些的行业，最后是那些商业内涵最高的行业如时装、广告和设计等。

这一模式认为，源自核心产业的创意及其影响会通过同心圆向外围扩

---

① 有关这一模式的论述详见本书第 5 章。

散。这是如何发生的呢？在某种程度上，这可能来源于一般意义上的经济和社会中知识与信息的沟通以及交流过程。例如，一部小说和戏剧的情节可能被制成视频和电脑游戏，一幅画可能给某位时装设计师带来灵感。创意扩散的另一种可能方式是，最先想出这个创意的人可能在两个不同的行业工作，直接为远离核心产业或在文化产业之外的产业的文化创造注入创造力。例如，一位视觉艺术家的本职工作是制作原创艺术品，但同时也可能就职于设计行业；或者一位活跃在舞台上的话剧演员也可能同时拍摄一些商业广告。无论是何种形式，创意都为这些行业激发出文化内涵。

作为文化生产结构的一种解释，同心圆模式可以被视为在某一时间点的静态快照；与之相对照的是，价值链模式则是一种动态分析模式。在同心圆模式中，下游功能（如分销等）被视为一种独立产业，将核心产业所产生的原始创意作为一种中间投入注入本行业的文化生产过程。例如，处于模式核心的电视剧编剧将其作品销售给属于“文化产业更外围”的电视台。在某一特定时间点上，两个产业——电视剧编剧和电视播映的产出都是可以被观察到的，其产出的文化内涵也是可以被衡量的[①]。

用同心圆模式来分析文化产业结构有几重意义。首先，该模式为文化生产部门制定统计分类体系，收集与政策决策相关的产出、增加值、就业等数据提供了一个理论基础。其次，该模式很容易被修改，从而与其他分析模式（例如投入—产出分析法或可计算的一般均衡模式等）配合使用，来分析文化领域内的或文化产业间的或与其他经济行业之间的关系。最后，把各文化产业看做一个以纯粹的创造性艺术为中心的发散体系，可以很好地解释艺术

---

① 值得注意的是，与这一简单的例子相比，某些文化产品的生产和分销涉及很多不同的阶段，因而也涉及很多不同的产业。例如，音乐作品的生产和分销会涉及现场表演、发行、录音、广播等不同产业，所有这些都属于同心圆模式的中心层。

在支持和激励整个文化领域的核心角色。我们在本书的“前言”里谈到，从文化与产业这一角度来考量文化政策并不一定意味着对经济学的出卖，也并不代表艺术的高远理想对市场的刻板运作的征服。同心圆模式清楚地表明文化政策不应该将艺术边缘化，也不需要将它逐出至外围或搁置在一个无关紧要的角落。相反，该模式指出，我们需要一个强大的、活跃的、可持续发展的艺术部门作为推动文化产业进步、促进其他部门发展的社会创造力的核心源泉。

政府职能中的文化政策

文化政策不是一个单独存在的个体，而是包含了许多延伸到其他公共管理职能部门的组成部分，从而符合了现代社会中文化政策变得更宽泛的趋势。与文化政策有关的政府职能部门包括：

- 艺术/文化部：虽然文化政策的重心已从单一的艺术领域转移出去，但毫无疑问地，负责艺术和文化的部委或部门仍是大多数政府管理系统中实施文化政策的主要机构。这一点被前面谈到的创造性艺术在文化产业模式中承担核心角色这一现象所证实。
- 经济/财政部：文化政策的各方面需要大量的公共支出。负责财政拨款的各政府部门和部委的介入对文化政策的制定和执行来说是很关键的。
- 产业发展：文化产业在收入、经济发展和创造就业等方面的潜在功能使它们自然而然成为国家、省或市等各级产业发展战略的目标。
- 劳动力：影响文化工人劳动力市场的更详细的政策法规是就业

部门关心的问题之一，这包括劳工关系、职业健康和安全、人力资源管理等。

• 贸易：在第9章中我们将要看到，文化产品和服务的国际贸易既能刺激出口，也能促进贸易谈判。贸易部在文化政策的制定方面也负有重要责任。

• 教育：在第11章我们将要谈到，教育在文化政策中的作用有两方面。首先，学校里的艺术教育，即音乐、视觉艺术、舞蹈、创造性写作等方面的积极参与，不仅丰富了学生的文化生活，同时也会提高他们在其他领域里的学习能力。其次，对创造性艺术工作者的职业培训和技能发展总体上满足了文化产业对文化投入的特殊需要。

• 城市/地区发展：在第7章我们要谈到，创造性城市这一概念已经成为城市规划者的一件护身符。文化政策在振兴衰落城市、提高可居住性以及刺激城市和地区经济发展等方面都大有可为。

• 环境：在一个需要不断适应气候变化的世界里，创造性行业扮演着一个特殊角色。这不仅树立了一个爱护环境的行为典范，而且通过设计、建筑等方面的创意对其他行业的减碳技术的发展作出了贡献。

• 信息技术和媒体：在某些国家，通信领域的政策决策完全受到创新、生产力和媒体所有权等方面的影响。信息技术和媒体在文化内涵传递方面的重要性，意味着它们在文化政策决策方面也应占有一席之地。

• 法律：政府在文化政策的法律介入的一个主要方式是通过对知识产权法的制定和执行。我们在第13章要进一步谈到，版权是有关文化产品的生产和销售的法律框架的一个重要组成部分。

- 社会福利：文化政策在执行有关促进文化多元化和提高社会凝聚力的战略决策方面承担着重要任务。这些方面现在被称为文化多样性，我们将在第 10 章里详细讨论。

结语

本章讨论了现代社会中范畴更加广泛的文化政策。我们认为，文化产品和服务在现代经济中占有独特的一席之地，使之有别于其他商品，并成为政策关注的对象。这种独特性来源于文化产品和服务在其生产过程中需要有创造性，以及同时具有的经济价值和文化价值。后者将文化及文化政策与人类文明存在这一根本特性联系起来。

我们也谈到文化政策不再囿于艺术这一框架，而是关注现代社会中所有的文化和艺术问题，因此其范围扩大到对文化政策感兴趣的所有利益相关者。文化政策范围的拓宽也意味着从一个更广的角度来看待文化产品和服务的生产、分销和消费。文化产业的价值链概念和同心圆模式作为两种将文化政策及其效果系统化分析的手段都是有效的。后者为诠释创造性艺术在广义的文化政策领域的位置提供了基础。

最后，我们提到文化政策的关注点不再仅限于艺术，对文化政策的某些方面感兴趣的政府部门、部委和管理机构在数量上得到了大幅度增加。文化政策的多维性使得整个政策决策过程变得更加复杂，这一点我们将在下一章详细讨论。在这里，我们的重要任务是认识到价值的两个来源，经济和文化，这是将政策结果传达给公众的基础。文化政策决策的艺术性在于找到这两者之间的平衡点。

第3章

文化政策进程

汉弗莱·阿普尔比爵士：这个国家通过部长们来管理，而部长们通过我们（公务员）给他们提供不同建议作出决定。如果他们了解全部事实，就会发现许多其他可能性，而其中一些可能公共利益不相关……只要我们提出建议，就能够指导他们作出正确的决定……为了引导部长站在公众立场，提议中应加入一些关键词以使其更具吸引力。部长们通常会接受简单、快捷、平民化而且经济适用的建议，而摈弃那些复杂，冗长、昂贵和有争议的建议。总之，如果你明知道你的建议会被拒绝，还冒险去提议，那么我觉得你真的很勇敢。

乔纳森·林恩和安通尼·基奥：《是的，部长》，1984

引言

公共管理领域存在一些使政策进程系统化的标准方法，这些方法在理论上是完善的，在实践上被从地方到中央各级政府所采纳。各阶段按顺序可归纳为以下六个步骤：

- 政策议题，战略和措施的目标细化；
- 责任分解到行政机构的适当领域；
- 不同管理领域的政策协调以追求“统一政府”和“协同政府”的效率标准；
- 政策工具的选择以保证取得预期成果；
- 政策措施的实施；
- 政策实施效果的监测和评估，以及对未来政策发展的反馈。

本章将讨论政策制定的过程尤其是与文化政策相关的部分，并为后续章节专门领域的详细讨论提供一个铺垫。目前许多公共政策都用经济学概念来解释，这反映在指导当今世界政府行为的思想中经济学占主导地位。这种例子随处可见。例如，早期被视为社会福利系统的思想，现在越来越多地见之于经济政策内容。卫生政策提供了一个很好的例证：这个领域正在不断地根据国家与人民之间的合同安排来建构，而提供不同的医疗和医院护理的价值则根据财务上的成本和收益来评估。类似的影响在文化政策领域也存在。本章有关文化政策的讨论将从文化如何适应政府的经济政策目标开始。

尽管经济学在政策决策中占主导地位，但经济学并不是唯一的；政府知道它对社会和文化福祉负有超越单纯经济考量的责任。对大多数政治领导人来说，如果设定一个明确阐明其所代表的政府任务之目标，那么他们几乎肯定会夸张地提及文化在国家生活中的重要性，并且认识到关注这一领域的集体责任。因此，我们还必须考虑文化政策的纯文化意图。的确，几乎不需要指出这正是文化的内涵；文化政策的设定有别于政府关注的其他领域，并将文化政策赋予了特别的意义。

在以下的章节，我们将讨论文化政策的经济和文化目标之间的区别、政策执行的主要工具，以及当经济和文化成果被认为是同等重要时监测和评估文化政策的问题。

文化政策的经济目标

各国政府一般都需要一系列目标来管理国家经济，这包括市场效率的提高、收入和财富的均衡分配、经济增长的推动、全民就业的保持、价格的稳定和外部的平衡等等。对这些目标分别给以权重是一个政治议题，而且具体目标的相对重要性随时间和国家之间的不同而变化。这些目标很难同时达到，所以经常要进行艰难的取舍。经济学家对未来方向的预测能力或者预测不同政策措施下的结果的能力是有限的，这些情况无助于政策的制定。这样，政策选择常常基于信念和希望，而不是取得特定预期成果的确定性。

让我们依次考虑以上所列出的政府各种经济目标，以及它们如何与文化政策的形成相关联。

效率

经济效率的提升已成为当今世界各国政府经济管理政策的主要关注点。

自由主义经济思想，以及以此为基础的经济体系依赖于这样的命题：自由市场是分配经济资源的适当机制，而公共利益由政府分配，应该限制政府干预以确保市场尽可能地自由和有效率。这种思想的确适用于商品市场，因此禁止任何形式的产业保护和市场投入，并禁止对利益的干预，如设定最低工资。[①]

在宏观经济运行的标准模型中通常设定最低限度的政府干预，大家普遍认为市场在某些情况下是失效的。如前章所述，市场失效的第一个也是最重要原因是公共产品的存在。我们认为，艺术和文化业可以被认为具有公共产品的特点，因为其对分散的社区提供的贡献不能在市场进程中被捕捉到。根据供需的竞争模型以及假定需要政府干预以增加供应的原则，艺术和文化的总产出将低于最佳社会需求。政府干预有多种形式，最为直接的是对文化产品提供资助使其提高产出。但是，正如许多经济学家指出，干预可能与成本相关，并有理由警告其边际成本不得大于其产出的收益。

十分奇怪并有讽刺性的是，在长期的有关公众对艺术支持的争论中来自艺术界的倡导者有关公共产品令人信服的案例常常难以说服那些经济怀疑论者。[②] 大多数自由主义经济学家可能承认市场失效常有发生，而且如果通过可信的成本—收益的经验而获得对这些案例的支持，他们至少在理论上愿意接纳对艺术援助的有效性。

非市场作用的存在使市场失效部分源于一些艺术和文化领域相关的特性，例如由文化遗产提供的收益。除了提供一般公共产品，文化遗产还引发

① 直到最近，新自由派意识形态还适用于金融市场；但在 2008 年的金融信贷危机中，各国政府对自由市场经济给予空前的干预，这是对自由主义的财政和货币政策的明显偏离。

② 这一辩论直到 20 世纪 90 年代中期；有关论文汇集，见通威塞（1997，第 2 册，第 5 至 8 部分，499—719 页）、弗雷（2003）。

出一些所谓有益的“外差因素”（beneficial externalities）。外差因素与公共产品紧密相连，并在生产和消费中引发正面和负面的外溢效益（spillovers），它们是一些主要意图之外的副产品。文化遗产可能引发正面的外溢效益。例如，位于市区街道美丽的文物建筑被来往行人所欣赏，这些受益者不会为其享受的精神愉悦付费，而建筑的主人必须为维护其物业的良好状况付全部费用。原则上，这些外差收益（external benefits）的存在也许可以提醒大家对物业的业主给予集体援助，以确保其继续提供这一福利。①

非市场因素导致市场失效的一个新领域是由体现文学、视觉艺术和音乐艺术理念的公共产品而引发的。这种个人或公司的创意表达未经原创者授权，但在某些情况下也许是合理的。例如，音乐通过无线电广播或网络传播，用户免费记录广播或下载音乐，而作曲家或演员却没有任何奖赏。著作权法的存在是为了在一些情况下确定财产权利，并提供一个可以交换权益的市场。政府在这些领域的规定可以视为对市场失效的反映，并通过建立一个前所未有的机制来恢复市场效率。②

经济学家还指出，如果生产中存在规模收益增加或平均成本下降，那么竞争的市场将遭破坏并且出现低效率。公司在固定成本偏高时需要不断提高产出水平，并使得单位产出的平均成本下降到值得生产的水平。在这种情况下，行业内只有相对少数的公司有能力达到经济的生产规模效益。这种现象在报纸和电视行业是十分常见的。这些行业的企业也许将牺牲消费者利益以保留市场支配地位并获取超额利润。竞争也可能由于其他原因而失败，例如

① 详见第6章。
② 详见第13章。

一些行业由于兼并，或小公司被大公司收购而变得日益集中。这些情况使得政府有理由对自然垄断实行管制以促进公平竞争。这些还形成了所谓的保护新兴产业观点的基础，这些行业成为被保护的新兴行业，以避免竞争压力过大，等其成长到一定规模后再自行发展。在文化产业领域，这种观点曾被用于视听方面：这成为保护弱小的国内电影制作市场，以及新兴的高技术行业的经济学基础。

如果市场的一端（通常是买方）没有完全告知存在产品或服务交易，市场将最终失效，那么政府干预以促进经济效率可能成为必要。在标准的交易模型中，效率的取得基于市场参与者拥有完全信息。如果这个假设不成立，政府改善信息可用性的行动（如通过各种消费者保护措施进行调整）是有理由的。这种观点也许有助于使公众援助合理化，这种公共援助是指对艺术活动的广告和销售的公共援助，而且这种观点还认为，通过艺术教育可以改变人们对现在或将来文化消费选择的能力。

权益

经济理论承认一个事实：追求效率并不一定会导致任何人都认为资源配置是公平的。的确，“有效”的资源分配可能有多种方式，其中哪种是最公平的，不同的观测者有不同的看法。经济学家对财富和收入的公平分配这一问题甚为谨慎，因为这一问题涉及对个人特权的价值判断，而不能被推定或被他人所强加。但是大多数政府都接受减轻社会贫困是公共政策的主要目标这一道德主张，[①] 而这种主张通过财政和管理措施使得收入和财富从富人流

① 的确，如果减轻贫穷的规定对社会大众能提供可见的利益，那么对此进行的政府干预可以成为促进经济效率的理由，而不是作为平等政策的一方面。这方面的典型论文见索罗（1971）。

向穷人，例如通过累进税制（progressive taxation）或向低收入家庭提供教育和医疗服务之类的社会产品。

在最简单的宏观经济管理模型中，促进效率和实现公平被看作是彼此分开和有先后次序的两个方面。政府的首要任务是确保有效地使用国家资源；如果分配结果的确不公平，再寻找其他有效分配方式更好地达到公平目标，直到公平被公众同意或接受（或最佳）。这一进程的影响是：如果一种具体措施不利于分配效果，政府不应该予以考虑——在完成政策进程的最终分配中它将会得到照顾。

这一观点体现在有关艺术补贴的争论中。例如，欣赏歌剧的主要是富人，而政府对歌剧公司的补贴会带来门票价格的降低。但是补贴是由一般性税收资助的，所以补贴过程将有退化作用，是不公平的。因此，低收入的纳税人要求对小康的娱乐活动进行资助的观点是对的。相反的观点是，补贴的目的是促进经济效率——歌剧被认为需要高启动成本，但可能会产生一些公共效益。如果其边际收益大于边际成本，对增加歌剧产出的鼓励也许是需要的。通过税收对歌剧持续性资助将被一般性的再分配机制所带来的收益所抵消。

这种观点原则上是可行的，但在实际运作中许多对艺术补贴持批评意见的批评者不服气。即使歌剧公司善意地致力于在更广泛的社会经济阶面推广表演，其努力也收效不明显。这是个令人不安的事实：政府的许多政策会产生收入分配不公的后果，从而导致的政府转移支付会比对艺术的补贴大得多。这就需要在更广泛的范围内对政府全面的再分配政策议题进行讨论，分析有关对艺术补贴的公平问题。

增长

政府促进经济增长的目标与文化产业政策直接相关，因为在创新经济的框架下这些行业被视为对经济活力有显著贡献的部门。在英国，创意行业（包含前面章节定义的大部分行业）的产出，1997—2004 年期间年均增长率为 5%，而其他部门的增长率为 3%。[①] 在一些发展中国家，政府发展战略也对文化产业予以特别关注，例如，韩国曾经鼓励影像和新媒体行业的发展，这些行业在最近几年的增长以及表现令人印象深刻。[②]

文化产业对经济增长的贡献和作用在不同的城市建设中有所见证，从纽约和伦敦这样的发达城市到诸如上海这样发展中国家的新兴城市，文化设施就像一块磁铁一样促进了旅游业并刺激了其他经济活动。在上海，政府明确指出包括演出、视听艺术、电视、建筑和时装在内的创意经济的发展已成为 2006—2010 年（第十一个五年计划）中的优先发展行业之一。这些行业大约占城市总区域产出的 6%。[③] 在一些大都市‘创意城市’的口号中文化是突出的形象，这一议题与城市经济运行的复杂功能、促进居民的文化参与或创造宜居城市相关联。[④]

全民就业

随着传统制造业的递减和节省劳动力的技术的不断采纳，工人不断被解雇；在这种情况下维持全民就业成为政府的重要任务。这也是在艺术和文化

① 见文化、媒体及体育部收集的统计数据（2006）。

② 见山姆（2006：28）。

③ 见联合国贸易和发展会议（2008：47）。

④ 详见第 7 章。

领域内涉及文化产业及其经济政策追求的目标。从上述许多国家文化产业的显著增长率来看，其间的关联并不难理解。这种增长率反映了创意与非生产性职业就业水平的持续增长。例如，从整体上看欧洲的文化部门 1995—2000 年平均的雇用人数增长率为 3%～5%，这在一些国家是非常高的增长率。①

作为有效就业政策的基础，文化产业对政府投资提供了特别的吸引力，因为文化产业的劳动力容量明显高于其他部门。例如，在创意艺术的制作方面，劳动力与资本的比例在戏剧、电影制作、视听艺术等行业明显高于其他行业；这意味着与其他行业相比，这些行业内边际资本投资对就业有更显著的边际贡献。同时还必须指出，文化部门创造的这些工作更加绿色环保，能提供比其他部门（如制造业）更加愉悦的工作，以及对工人更多的非金钱性奖励。

如上面讨论的增长政策，文化部门的就业政策被认为有助于推动城市发展。各种类型的文化活动曾经被当作“电路断路器”（circuit-breaker）一样来处理城市青年失业和社会孤立问题。一些城市的艺术项目曾经被用来振兴萧条地区和重塑城市的自豪感。②

价格稳定

控制通货膨胀的目标是政府用财政和货币政策管理现代市场经济的一个重要方面。文化政策的应用初看起来并不特别显著，因为文化商品和服务在住户开支中只占相对小的部分，其价格的变动不会对价格总水平变化有明显

① 详见维赞德和松德尔曼（2005：9）。

② 见施特罗姆（1999）。这些问题在第 7 章中有进一步的讨论。

的影响。但这并不是说，通货膨胀与文化企业的运行或文化产品的消费不相关，[①] 更不是说在控制宏观经济和通货膨胀水平时，政府眼里只有其他领域（而不关心文化行业）。

在执行稳定价格的行动中，政府对文化政策有间接影响，这些行动包括限制公共支出、减少预算赤字等。在这种情况下，政府开支的所有方面都很可能被列入被削减的对象。但是一些政客很可能发现文化项目诸如教育、医疗或国家安全等其他领域的支出更容易被削减或取消。

外部平衡

文化商品和服务进入对外账户分类账的两边，但其比例在各国之间有很大不同。一些国家（如美国）是文化商品和服务的净出口国，而其他国家（如许多发展中国家）是净进口国。对这些问题的评估存在一些问题，虽然文化产品的有形贸易可以相对精确地追溯到，但是提供一个各国之间资金流动的综合账户却要困难得多，这些资金流动以专利和其他支付形式来购买和出售文化产品（如电视节目）的所有权。如果不将这些交易包含在其中，那么对文化进出口的估算将不完整。

现存的数据表明，近年来包括设计、出版、视觉及表演艺术和新媒体在内的文化产业的大部分有形产品的贸易有相当大的增长。联合国贸易发展会议曾经指出，创意产业已经成为世界贸易中一种新的活跃部门，它对发展中国家的外汇收入的贡献有特别的潜力。例如，中国是迄今为止有形创意产品最大的出口国，在 2000—2005 年其年增长率大约为 18%，2005 年其市场份

① 有关通货膨胀对艺术演出公司成本影响的讨论见第 4 章。

额大约为20%。[①]

在这种情况下，政府有关贸易平衡的经济目标可能通过重要的文化政策，并鼓励地方文化生产而促进出口或进口替代来达到。后一种可能性与电视制作部门尤为相关，它们可以对当地的电视内容施加配额，以便为本国电视部门面对外部竞争提供空间。当这种情况发生时，经济和文化政策目标会纠缠不清，第9章我们将对此进一步讨论。

文化政策的艺术和文化目标

在本章开始我们提到除了公共政策的经济目标，政府还承诺对与人们生活相关而且非常重要的艺术和文化事务负责。这些文化目标如何以一种有别于纯粹的经济议程的方式予以说明？我们曾经指出，本书的指导思想在于对文化价值与经济价值加以区别。这种区别使得文化政策的经济与文化目标相分离，而利用后者可以提高产出并提升经济与社会中的文化价值。

文化价值的四个来源可以确定为：艺术生产和消费；文化认同和象征主义；文化的多样性和文化保护及延续性。让我们对此四方面逐个讨论。

艺术生产和消费

传统上创意艺术一直是各国政府阐明其文化目标的重点；如第1章所述，其结果是艺术政策已成为许多文化政策论述的主要甚至是唯一因素。艺术政策的目标将在第4章详细讨论，现在我们从多数资助机构的角度根据以

① 有关详细分析见联合国贸易和发展会议（2008：110）。

下三个方面归纳这些目标。

卓越：如果用外在于艺术产品所拥有的商业价值来评判艺术的文化价值，那么重点将基于其艺术质量，并按照专业协会根据有关规定所制定的标准来衡量。“卓越”一词因人而异，所以将它转换成共同认可的文化政策目标并非易事。当使用这个目标来指导制定资金赞助决定时，通常取决于业界人士的艺术评价，他们对何为卓越的协商意见具有决定性。[①]

- 创新：从一个新的方向延伸艺术范围及其文化价值通常被广泛认可，这为促进创新作为创意工作的艺术政策的中心目标提供了基础。从这个意义上说，支持创新可视为类似于科研中的研究与开发过程，其动机同样是探索性的。艺术实践的前沿研究与开发是收益不确定的风险行为，就像科学与技术可能会取得成功一样，艺术实践也可能会取得很大成功。在这种情况下创新收益的文化价值会很大，并同时伴随着经济收益。

- 使用：可以说，艺术的文化价值只有当它被使用时才能实现。这样，艺术政策的文化目标几乎总包含一个扩大艺术在社区消费的目标。这一政策因素与上面讨论的政府更广泛的公平目标有确切的相关性，并且将公平的概念纳入文化参与及欣赏，有时候还会形成一种以此为目标的专断式的风格，这反映了一种以艺术为手段来教化大众的观点，这一观点可以追溯到 19 世纪。

文化认同和象征主义

对国家、区域或地方特点的认可和进行各种庆祝活动，是各级政府宣传

① 详见麦克马斯特（2008）。

其文化政策的重要措施。这一目标通过了解‘他们是谁’及其个人文化价值认同来阐明。正如第 2 章所述，这是一种在经济评估上有局限性的文化价值，它使得人们不能简单根据其经济价值来表达对文化认同的估价。

文化认同的价值对文化政策目标的贡献有多种途径。重要的是，当资助的目的是通过媒体中的艺术工作以表达国家或区域的一些特殊方面时，它将成为艺术政策的一个方面。类似于媒体政策，本地内容的限制体现了给国内机构提供机会的文化目标。在文化遗产政策目标的形成中，特殊性起着重要作用；有形和非物质文化遗产都对了解与社区相关的文化政策有很大的贡献。

庆祝的多样化

人们的文化生活，不论是通过艺术创作还是消费来体验，或者通过广泛的传统、仪式和社会参与，都是文化价值或社会价值的来源。精确的术语不是那么重要，这种源于艺术和文化的丰富的集体经验价值可以提高社会的凝聚力，这也是一个重要的文化政策目标。文化政策的这些社会因素可以在当今文化多样性的争论中得到解释。联合国教科文组织主持制定、并于 2007 年生效的《关于保护和促进文化表现形式的多样性》，体现了对这种争论的集中关注。我们将在第 10 章详细讨论这些内容，因为这足以指出多样性在文化政策目标中的广泛作用，而且这种作用可延伸到艺术和文化的许多方面，从建构社会资本的职能作用到城市社区的文化多元主义和种族多样性等问题。

确保连续性

众所周知，个人主义的人类行为模式把人的利益描述为只注重自己而排斥他人，这可能并不代表人们对他人感受的关切。这是人性的人际维度的一个方面，并由个人与前后几代人的交流的感觉来表现。换言之，人类存在的连续性是至关重要的。文化政策目标的几个方面与此相关：

- 文化遗产：遗产的文化价值有一种本质上的感觉：有形的和非物质的文化资本的现有存量代表它与过去的联系——文化遗产显示出很多关于我们是谁、我们从何而来的痕迹，以及与我们与未来的联系——对公众关于文化遗产的调查显示，人们普遍能接受将有价值的文化资源传给子孙后代这种想法。这种遗赠价值具有可见的经济价值，它以对遗产保护支付的意愿来衡量，但是也可能存在一种明显的非经济因素——延续重要的道德信念。这种文化价值的产生涉及文化遗产政策目标的一部分，我们将在第6章讨论。

- 教育：延续性的另一个方面还反映在知识和技能的传承上，以及教育和训练的目标方面。教育政策除了直接改善人力资本和提高生产力之纯经济目标以外，还对文化目标有意义。对学校儿童的艺术教育有助于提高他们的文化意识和艺术品位，还为一种可能更多元的和对个人文化生活的奖励奠定了基础。文化政策的教育目标还表现在职业教育方面——各类艺术和创造性工作的训练。可以认为，如果一个受过良好教育的艺术群体能通过专业实践来延续其艺术形式，这将有助于艺术政策之教育目标的形成。[①]

① 详见第11章。

政策措施

一旦政策被制定，政策的执行将通过各种政府手段产生作用。为达到最终目标，选择政策措施绝非一件直截了当的事——所谓转换问题，它涉及分配任务的手段，这不仅需要理解具体政策措施对目标变量（如失业率或货币供应量）的作用，还需要对复杂问题进行正确判断，而经济体系中的变量是彼此相关的，其中一个变量的变化也许会带动其他变量的变化。

政策措施可以根据不同方法进行分类。一种方法与政府机构相关，其主要责任是使政策生效——财政部（Treasury）制定财政政策，中央银行制定货币政策，等等。另一种方法是关注广泛的政策目标，如公共收入和支出、政府债务、价格和收入，等等。根据本书的目的，我们将上述政府能够使用的、以达到文化政策的经济和文化目标的主要措施简单分开，并相应地分成五组政策工具；财政政策、监管政策、行业援助政策、劳动力市场的干预政策、贸易政策。这些分类既不严格也不全面，而且彼此相互重叠。然而，它们为我们的讨论提供了一个系统的基础。

下面我们将依次讨论各组政策工具的基本要素，而将具体措施的详细讨论留在本书后面章节。

财政政策

财政政策涉及政府支出或由税务系统来提高公共收入的各种措施。由于许多追求经济和文化目标的文化政策需要政府资源上的承诺，财政政策措施是最重要的文化政策措施就不奇怪了。它们有不同的实施方式：

• 文化商品和服务的直接提供：政府可以通过对各种文化设施，如博物馆、艺术画廊、图书馆、演出场地、公共服务广播站等来提供文化服务。提供这些商品和服务的财政拨款涉及企业及其他机构的资本要求和经营支出状况。在许多情况下，公共拥有和经营的机构可以通过其他来源来提高收入以补充其政府拨款，其中包含通过销售其制作的商品和（或）服务以赚取额外收入。文化公共机构的治理和管理结构有许多不同：有些是有效率的政府部门，有些被设定为法人公司，有些是公众拥有大多数股份的半私人性质的公司。但这都统一于政府对其经济福祉的财政政策决定的基础上。

• 对文化生产者的补贴和捐助：传统上，执行艺术政策的主要途径是对个体艺术家或组织进行捐助。如前所述，以这种方式执行财政政策的理由也许应该表述为对市场失效的整顿，也可以表述为追求纯粹的艺术或文化政策。无论是哪种方式，目标都是为了提高艺术商品和服务的产出水平与质量，而补贴被视为最适合的措施。一般来说，当一些公共机构通过公共支付的捐款获得协助时它需要以非营利机构来经营；对商业公司的公共赞助在有些情况下是必要的，但这种情况在艺术界并不常见。对艺术补贴的分配存在各种不同的机制，我们将在第4章进一步讨论。

• 税收优惠：文化政策还可以通过税收制度来实施：个体艺术家可以减免所得税；艺术机构如果以非营利企业营运也许可以减免企业所得税；有些机构可以通过减免物业税、工资税、增值税、出口税及其他金融手段来部分或全部豁免间接税收。许多国家级艺术家和艺术团体接受来自个人和公司的捐赠、各种慈善信托基金和文化基金的现金或实物收入，而政府的税收优惠是这些个人或机构捐赠的动力，因为这些捐助者可以使用其文化礼品的扣减对其收入税退税。在财政政策方面，政府可以通过设定优惠税率来实现其对艺术活动的支持，而政府的成本是用公共部门预算的收入与损失相比来衡量的。

- 消费者援助：艺术制作人不仅可能是支持艺术活动的财政政策的受益者，他们提出的援助计划可能直接让消费者得到实惠。例如，通过对规定的艺术活动提供免费或打折入场券，使消费者得到援助。另一种政府推广艺术消费的方法是通过提供信息和市场服务来提高消费者的文化产品消费意识及其对文化的参与意识。

监管政策

政府对制定经济运行的监管框架及其管理负有重要的责任。其中大部分内容在日常管理中是理所当然的——例如，法律制度的基础，或者有关银行和金融公司的监管规定。文化行业的个人和机构比其他人更受益于此类基础设施，它们往往关系到文化产业的具体领域，比如电影业的合同制度。除了一些一般性监管政策以外，文化行业还有一些发挥独特作用的特殊监管手段。

- 知识产权法：影响文化制作人的最为重要的管理形式可能是旨在对其创造性工作提供知识产权保护。正如在第 14 章将看到的，版权可以确保公众获得创造性艺术产品，同时还能使创作者的努力获得相应的回报。由政府通过的版权立法提供了一个框架，其中的权力被界定，盈利可以被分配，承诺被强迫遵守。知识产权法在不同国家之间存在一些国际惯例。有些国家的版权延伸为其他的保护形式，例如，所有权或者申请视觉艺术产品重复销售的转售转运权费。

- 文化权利：文化权利的定义和主张涉及一个重要的领域。文化权利有几种形式。各种类型的版权是一种道德意义上的权利，它准许艺术家按照他（或她）所代表或工作的方式使用这种权利。这种权利与作品的归属性质相关联：一个艺术家的索赔必须得到承认；具体地说，一项作品未经作者同意是不能修改、拆分、删除或篡改的。道义上的权利需要特别立法，这在电影、视觉艺术和雕塑领域已经被特别引用。[①] 文化权利的另一种形式是让土著人在自己的土地和社区从事传统文化习俗活动。这种权利也许涉及语言、仪式，或者给予其狩猎、捕鱼等搜集食物的权利，这些权利在其他地方也许被禁止。在此前提下，我们可以对一些国家在给予艺术家权利的问题上提请关注。这些权利可能包含上述讨论的内容，也许还延伸到专业地位的定义，例如把艺术家的权利作为一个专门行业问题，或者以税务政策或社会福利制度等来认可或处理这项权利。最后，文化权利还延伸到言论的自由表达。在文化政策领域曾有过关于艺术检查的辩论。例如，在20世纪八九十年代美国的所谓文化战争（cultural war），一方是支持艺术创作的艺术家及其支持者，而另一方即保守权利的维护者被认为艺术品是低俗的、反宗教的。[②]类似的争论在别的国家也曾发生过。对艺术家自由表达的限制和监管在世界各国不同时期有明显的不同。

• 媒体政策：媒体监管是政府管理印刷品和广播媒体的重要手段。有些国家监管措施的执行是为了防止大媒体的所有权集中在少数人手中。大多数国家对特定类型的节目，如儿童节目或新闻广播实行最低限制要求。一些政府还对国内制作的节目（如戏剧）的传输制定了配额，

---

① 详见第13章。

② 详见第4章。涉及对有争议艺术的公共资金赞助的案例分析见罗斯费尔德（2001）；布鲁克斯（2008）。

以阻止更多的进口产品。这些与文化产品的贸易相关，将在后面章节进一步讨论。

- 文化遗产政策：文化遗产政策将在第6章讨论。对文化遗产的监管是用来保护文化遗产的主要政策之一。例如，历史建筑清单是一个旨在保护这些建筑，防止它们被拆卸、破坏，并在最大程度上对其进行维护的管理措施。《保护世界文化和自然遗产公约》等条约是国际上管理措施的例证，它对各国政府以负责的态度对其管辖内的全球性重要文物遗址提供了一个保护机制。

产业政策

政府利用产业政策作为建立和扩大产业部门的鼓励措施，这对现在和将来的就业和经济增长具有重要意义。这可能涉及关税保护，以及在激烈的国际竞争中保护相关行业或者通过提供税务优惠和投资补贴来集中培育一两个被视为“潜在优胜者”的特定行业的发展。在区域或地方一级，产业政策可能是首选措施以吸引企业迁移，以促进区域经济增长。对有些行业，其扩展将不仅带来直接的经济好处，而且还将产生积极的外生因素，并通过快速的技术和技能的扩散，投资的互补性等而蔓延至其他领域。

如果产业政策被认为对促进就业和经济增长提供了良好前景，或者被视为上述各种有利因素的来源，它将对文化政策具有特别的关联。软件设计行业经常瞄准这些因素，例如软件开发行业正在开发含有文化内容（如游戏）的数据技术。政府可以用于针对文化政策的产业政策包括如下方面：

- 商业开办阶段：由于大多数国家的文化产业由中小企业占主导，通常通过小型项目就能提供最有效的产业援助。这些援助可能包含商业培养机制，提供资金、商业管理和企业精神的技能发展等。

• 产业发展战略：政府有时将包含各种要素在内的产业发展计划放在一起，并将其确定为一个具体的国家战略。例如，国家旅游战略可能涉及对旅游行业的规划、安排和协调，对目标市场的经营，对经营者的援助，等等；文化旅游可能受益于这一战略。

• 创意集群：创意企业的集群是一种明显的现象，在这里网络和互惠的外生因素为相关企业提供收益。这种集群可能是自发产生的，也可能由产业政策而引发。通过在文化产业的特定领域内将劳动力汇聚在一起，这种干预可能对其就业有非常重要的影响。

我们将在第5章详细讨论文化行业的政策。

劳动力市场政策

本书在许多地方强调文化政策对就业的重要性。我们认为政策措施将对就业有正面影响，这或者是有意为之，或者是追求其他目标时附带引起的。但是，在执行国家对艺术家及其他创造性工作者与福利事务相关的文化政策时，劳动力市场还存在一些特殊的政策措施。这些措施包括：

• 对劳动力市场的干预：除了对个人艺术家提供资金和其他赞助外，政府还可以通过为文化工人的最低工资立法以帮助文化产业的从业人员，通过为艺术家安排救济金、退休金和养恤金等给艺术家提供财政支持。

• 职业卫生和安全：在有些文化生产领域，艺术家和其他创意工作者有受到伤害的危险或在不安全的工作环境，这就需要制定适当的职业健康与安全保护措施，特别在舞蹈、杂技、戏剧、音乐、雕塑等领域。

• 职业培训和技能开发：在许多方面政府承认需要对职业培训提

供帮助，以确保对特殊行业劳动力市场中技术工人的供应。作为行业扩展项目的一部分，文化产业需要这种支持。

贸易政策

上述讨论的许多政策措施对国际贸易有影响。例如，对国内电影制片人的补贴也许使其在出口市场上更有效地销售产品；而在广播电视行业，内容的最低限制将导致外语节目进口量的下降。文化商品贸易是一个令各国政府关注的领域，它通过经济系统广泛传播文化内容。但是，在更具体的意义上，文化贸易政策可以定义为：政府综合处理与文化商品和服务的进出口直接相关的国际贸易政策，以降低贸易部部长及其相关官僚机构的责任。国内贸易政策受到其所参与的世界贸易组织（WTO）主持下的多边贸易安排的影响，以及双边贸易协议所承担的义务之极大限制。在受到这些限制的条件下（在第 9 章详细讨论之前），政府常常采用下列与文化产业相关的贸易政策：

- 促进出口：虽然直接的出口补贴可能不被允许，但政府可以通过其他方式促进其文化产品的国际销售，例如，通过国家演出公司推销海外旅游。这种努力可能是由于文化动机胜于经济动机，国家文化形象的海外推广即为一例。然而，在对外贸易过程中有一句由来已久的格言“文化开路，贸易随后”，提升国家文化在国外的形象可能也是一个因素。因此，向潜在的贸易伙伴国派遣一个交响乐团、一个舞蹈团或艺术展，可以增进两国之间的相互了解，并促进商品贸易交流。

- 进口管制：干预进口的典型措施是施加关税和诸如进口配额的数量限制。在以自由贸易理论为基础的世界贸易体系中这些障碍是令人不悦的，人们希望这些障碍减少或消失。然而，文化商品和服务是一个例外，这主要是因为商品和服务的文化价值涉及不同于普通商业货物的权利。

监测和评估

战略政策或特定的政策措施一旦执行，政府需要知道其预定的目标是否达到。通过对政策成功与否的验证以及各种政策信息的收集，可以对其效率和有效性进行评估，并获得有价值的反馈以帮助改进未来的政策。监测和评估是两个涉及衡量政策进程的主要步骤。这些步骤可能是依次或平行发生的，可能是一次性或连续进行的，这取决于有关政策的性质。关于文化政策的检测和评估，我们可以将其对经济和文化成果的跟踪分开来讨论。

经济成果跟踪

原则上，监测政策执行的经济结果应简单合理。根据哪个结果来衡量（如产出的货币价值、就业水平、消费者数量等）存在稳定和普遍接受的准则。被监测的变量将取决于被执行的政策类型，这包括如下方面：

- 可观察的产出水平，如艺术品的销售数量、出席艺术活动的人数、到博物馆参观的人数，等等；
- 产出价值的衡量，如生产的总价值、增加值，等等；
- 文化产品的进出口水平；
- 各种经济指数的增长率；
- 文化商品和服务的价格水平；
- 创意工作者的收入水平。

政府根据各种数据来源监测这些变量，其中包括其自己的统计机构。此外，政府还采取一些特殊的调查以收集对特殊政策措施有影响的数据。[①]

如前所述，与市场相关的可观察到的结果还包括文化政策产生的经济价值。这些经济价值的另一个主要因素来自政策措施的非市场效果，以及那些归于市民大众但不是通过市场交换而获得的普遍利益。当这些利益以公共品或正向的外在因素出现时，其价值由评估技术（如享乐价格法或附随估计法）来衡量，这些方法及其在文化遗产中的应用将在第6章讨论。但是，非市场估价方法的使用一般必须在每个项目的基础上进行，但是数据获得并不容易。因此，这些方法在文化政策的监测和评估中的使用，以及在宏观水平或有关特殊的政策措施方面并不常见。但非市场的影响在特别情况下非常重要，任何忽视它们的经济估价很可能是不完整的。

文化成果跟踪

由于两个明显的原因，对政策文化成果的监测和评估远比跟踪经济效果更为困难：第一，没有可接受的会计单位来衡量文化价值；第二，文化影响的评估要依赖主观判断。然而，如果在可以客观说明的方面和那些不可避免的含有主观因素的方面之间作出区别，将可以更系统地评估如何成功地执行文化政策。

- 客观评估：与文化产业相关的产出存在大量的定量和定性的指数，它们不依赖于主观评估。例如，提高地区创新性艺术产出之文化目标，可以通过参考来源于特殊赞助项目的尖端现代艺术展览的数量，或清点由受赞助的戏剧公司制作的新剧目数量来跟踪。如果一个艺术政策

---

① 见第14章。

的文化目标是让年轻消费者和有艺术经验的年轻群体之间扩大接触，那么达到该目标的程度就可以通过不同群体之艺术消费的详细统计数字来衡量。类似的方面还有出于文化的而不是经济目的的媒体政策目标：例如，地方当局对电视节目内容的监管，可以通过有关电视节目内容之客观数据追踪到；而且，这一政策是否成功地提高了国内制作水平可以由观众的消费比例来观察。

- 主观评估：由于文化价值的评估大量地取决于个人评估时的主观观点，特殊政策对是否成功实现文化目标的评价很可能因人而异。与美学相关的判断尤其随着个人口味的变化而不断而变化。与此类似的是，一个促进卓越艺术产出的目标很可能因解释“卓越”概念的不同观点而有所不同。然而，正如在前章所讨论的，这些人的判断不论是否被认为有关联或者是大众的观点，监测和评估的主观判断结果都可以取得一些进展。

结语

本章的主题是文化政策进程，我们还讨论政府文化管理的各个方面。简而言之，本章始于文化政策目标的阐明，再讨论政策措施的选择及其应用，最后讨论可被观察到的结果或成就，以便能够进一步讨论政策的发展。

我们认为将文化政策与政府的其他领域区别开来并不奇怪，这一特点与文化内涵相关联。这一区别在明确的经济与文化价值分离过程中以文化作为政策战略的双重底线得以体现。我们已经讨论过文化政策的经济和文化目标得以阐释的方法，以及这样一组共同的政策措施如何得以执行。对结果的监测和评价过程需要尽可能从经济和文化价值的收益中来作出评估。

但是，还存在一个未解决的重要问题：需要将双重底线变成单一的政策结论，在政策判断中如何确定经济价值和文化价值之间的权重？在文化政策的不同领域，常有一种显见的趋势：强调一种价值来源而忽略另一种价值来源。例如，在文化政策框架中，我们通常将文化方面摆在最高位置，然而最近在对文化产业的干预中有明确的经济动机。在二种价值来源之间进行取舍可能是无法避免的。在这一点上，经济学家常常对这种取舍嗤之以鼻，认为这是政治问题。的确，大多数政策决定最终必须在政治领域得以解决，而且政策分析师在政策进程中会起到某些作用。本章意在指出两种方法：首先提出一个分析文化政策进程的系统框架，再通过经济价值和文化价值的分离来体现政府对文化部门的政策的双重目的。

第 4 章
艺术政策

我以鬻文为生，也进行少量的创作，非常之少。

如今，一个人只要写得好，并且乐意写读者想看的任何东西，他/她是可以以写作为生的。

艾里斯·梅铎：《在网下》，1954

引言

创意艺术是一个涵盖范围非常广泛的通用术语，它包括制作下列艺术：视觉艺术、工艺品、音乐和文学（现在经常称为“创意写作”），也涉及以下表现形式：音乐演出、戏剧、舞蹈、歌剧和音乐剧。在每一类艺术类型下又可进行再分类：在视觉艺术之下有油画、绘画和版画等；在音乐范畴内有摇滚音乐、流行音乐、民俗音乐、爵士乐和古典音乐等。虽然在‘创意艺术’家族内，一种分类形式能够创立一个合理的、协调一致的艺术流派的基本分类，但彼此之间还存在许多模糊的界限。叙述性的非小说（如人物传记）是否应该包含在文学艺术之内？“新媒体艺术”是否应该形成一个单独的类别，或者只是其他类别的简单变种？各种类型的电影制作都应该归类在“创意艺术”之内，还是只有制作好的电影属于电影业的艺术范畴？

在诸如“高雅艺术”和“严肃艺术”的讨论中，这些问题存在长期的争论。这些术语已经用于一定的艺术圈内，并根据它们所属的“大众”或“娱乐”的实践模式或类型加以区别。实际上，很多艺术政策常常集中在所谓的‘严肃艺术’范围之内，它只涵盖如大型歌剧等艺术形式，而不包括如肥皂剧之类的其他形式。一方面，传统的艺术政策集中于“高雅艺术”，并且只在文化研究的专业内进行解释，这反映的是艺术精英的霸权角色或者在捕获并控制艺术政策时确立的文化建构。另一方面，那种只反映上层口味的艺术政策，只能简单表明政府资助的目的被解释为最适合服务于非商业或非营利目的之生产领域，“高雅艺术”成为经常被资助的对象。[①]

无论这些争论的结果如何，只要不是令人生厌的，无疑将继续下去。文化政策将扩大到传统的艺术政策以外的范围。像前面章节描述的，这意味着这种争论能够引起较大的政策讨论：各种形式的文化生产和消费都应纳入考虑，而不必对不同的艺术地位作价值判断。在这种情况下，艺术政策将简单地变成更广泛的文化政策框架中的一个元素，尤其是在内容上与原创工作（如声音，影像和演出）相关的个人和组织。在第 2 章介绍的文化产业的“同心圆模式”的示范中，这些个人和组织决定了创意的核心。

本章首先将提出近期内艺术政策的变化，以及这些变化是被如何解释的，这必然要涉及讨论这一问题的基础。然后我们会详细讨论执行艺术政策的两个主要途径：通过文化管理部门或文化基金组织对艺术家、艺术组织和消费者提供直接赞助，以及通过税收制度对艺术给予间接支持。最后，本章将讨论个体艺术家对文化政策目标的作用。

今天的艺术政策是什么

世界上大多数工业化国家以及一些发展中国家，已经对创意艺术提供了一种或多种形式的政策支持。传统上，艺术政策一直强调艺术生产的重要性以及对建立文明和富裕社会的功用，而且还强调艺术在儿童教育中的功能。在这种条件下，艺术政策建立在对艺术本质和对文化价值共同关切的基础上。虽然有些政策认为艺术不需要比自我参考重要性（self-referential

① 详见欧克尔（2006）。

importance) 更进一步的理由，但这并非大家熟悉的“为艺术而艺术”口号的实例。相反，在艺术和文化领域内讨论艺术政策，可以采纳承认艺术创作的历史作用，并承认其在表现形式上是人类文明演进必不可少的成分的观点。这种作用和政策之间形成某种联系，并认为艺术家始终需要进行艺术创作。但艺术如果要满足社会需要，某种集体干预就有必要存在。

在过去，这种赞助来自国王和有权势的人，来自教会和皇家，来自商人和银行家，总之，来自各种有足够资金和品位支付艺术的赞助人以满足其自我扩张，并向周围人传递艺术启蒙和愉悦。今天，这种慈善性机构的职责由艺术协会、文化部门、私人基金会和慷慨的个人来承担。

在政治方面，如果一个政府要阐明其艺术政策建立在文化艺术对于社会的重要性的基础上，它可以这样来解释自己的动机。首先，政府根据选民的需要看待这些行动。换言之，它可以认为选民同意将一些公共开支用来支持艺术，不论这些支持是来自一种对被视为非市场利益的明确支持，还是来自一些认为“政府应该做正确事情”以及选民之间较为宽松的非正式协议。其次，不论选民是否同意政府应该承担维护公共资源对艺术活动支持的正当性，这些情况都使艺术归类被经济学家称之为“有价值的商品”，即由公共部门提供的商品和服务与消费者需要无关，从而难以维持消费者主权的正常运作，并使得政府倾向于对自己偏好的支持。[①]

无论背后的原因是什么，根据第 3 章讨论的三个目标，基于文化价值考虑的传统艺术政策通常看重其重要使命：为促进艺术的提高，要对那些也许并没有市场的工作给予鼓励，传播艺术消费的功能并尽可能带来广泛的社会参与。正如我们前面指出的，文化政策的方向最近出现了一种从长期关注艺

① 对优质商品理论的重新评估见马斯格雷夫（1990）。

术本身向广泛议程的转移。在这一过程中艺术政策作为文化政策的具体内容本身有所变化。这种变化的原因有二：

首先，“经济化”已经影响了总的文化政策。具体到艺术领域，这一过程至少可以追溯到20世纪80年代；当时的文化部门规模之大已经成为国家经济的一部分，而且对艺术的重视成为政府关注一个的目标。有研究表明，艺术行业对经济的产出和就业有较大的贡献，艺术活动（如艺术节）对地方经济有很大的影响，但是在许多情况下这些观点被视为方法论上的不健全以及对政府不合理的支持所致。① 正如布鲁诺·弗雷指出的，这些研究不断地支持务实的决定以及相关政策的艺术倡导者。② 对这一领域的目前状况的最好描述是：对经济贡献的衡量或艺术影响的评估（当它成功实现时）是一门超越过去、较为先进的学科。③

艺术政策转变的第二个原因是由公共部门管理的广泛趋势带来的。在一些国家，由马克·摩尔以及他在哈佛大学的同事所倡导的公共价值（public-value）概念已经成为一个促使公共部门提供更有效和更可计算服务的手段。例如，英国文化机构，如英国广播公司，按照公共价值的标准对其执行情况进行审查，而美国一些州的艺术机构对公共价值过程及其运营的申请进行评估。④

引入公共价值的概念作为一个衡量政府支出效率的标准对文化政策提出了一个明显的问题：如何评估艺术活动对公共价值产生的贡献?⑤ 英国官僚

① 有关艺术“影响”研究的评论，见斯曼（1987）、比利和舒尔茨（2006）；有关“贡献”与“影响”之间的不同的讨论见索罗斯比（2004）。

② 见费雷（2008）。

③ 见西沃德（2001）、托赫莫（2005）。

④ 分别见摩尔（1995）、BBC（2004）、摩尔和威廉斯·摩尔（2005）。

⑤ 有关这方面的文献回顾见基尼（2006）。

机构的反应是将艺术拨款准则与其可衡量的产出密切联系，例如，考察博物馆的参访人数或者一些间接的指数（如健康和学习成果）。这种艺术政策的工具主义趋势带来了强烈反响：在2003年举行的关于“重视文化”研讨会上以及2004年出版的宣传册内，[①] 展开了重新评估艺术基本目的重要性的宣传活动，对它的呼应甚至到达部长一级。[②] 有人认为，虽然音乐企业、剧院公司、艺术画廊等等也许确实对促进社会凝聚力，减轻青年失业或改进社区健康有所贡献，但这并非其存在的主要原因。由实现这类工具性目标来决定拨款将失去艺术对人类和社会固有的文化价值和意义。[③]

与此同时，在大西洋另一边的兰德公司提供的关于美国艺术受益的报告也关注艺术的固有受益，并将其称为“公众过分专注于目标辩论”中的“缺失环节”(missing link)。作者认为，虽然艺术倡导者对于创作功利艺术的案件感到不自在，但他们不愿意强调艺术经验的内在因素，以免这些观点不能获得资助者的认同。[④]

这些宣传册和兰德公司的报告都见证了工具主义对数据需要的趋势。政策制定者不能将对艺术家的模糊印象和主观评价转化成对公共价值的严格衡量，而是需要将其设定为对应基准性标准的定量结果。但是，正如约翰·霍尔登（John Holden）宣称的：

> 文化的基准不能通过统计数字来充分表达。观众的数量和艺术画廊

---

① 见爱丽斯（2003）、霍尔登（2004）以及一系列出版在《文化趋势》（14（1），2005）上的评论；另见西沃德（2006）。

② 见特萨·乔威尔（2004）、英国文化大臣在2004年的演讲。

③ 霍尔登（2004）使用文化价值这一术语来涵盖全方位的价值，其中包括文化生产的经济价值；他的用法不同于本书使用的更具特殊定义的文化价值。

④ 见麦卡锡等（2004：68）；有关美国文化政策中固有价值观念的讨论，见德维尔西（2006）。

访问者的构成对于文化如何丰富我们的生活并不能给予准确的概括。①

赫尔登提出了一种“新的语言”交流方式，以全面表达文化的真实价值，其主题在布赖恩·麦克马斯特爵士给英国文化部、传媒和体育部的报告中得到体现。该报告提倡文化评估方法应注重卓越、创新和风险承受的主观评估，而不是一种“数豆子”式（bean-counting）的“从度量到判断”的主张，前面提到的固有价值的论点再次得到部长级的重视。②

毫无疑问，我们将继续讨论艺术政策的目的以及在不断变化的世界如何给予解释。一方面，政治务实主义者希望将艺术融入一个广泛的公共政策的讨论中，这将被指责为实用主义。另一方面，那些主张重回文化的固有和绝对价值的人将被贴上精英主义（elitist）和自我服务的标签。在一个合理的世界，二者都不应该占统治地位；在这一领域，就像在其他方面一样，合理的方法似乎依赖于对艺术经验的多方面认可。艺术的简洁性是不可避免的，事实上，艺术有助于改善社区生活、促进宽忍、增进了解、刺激创造性思维，提高收入和就业等等。参考二元论的文化评估过程，我们已经把这些不同的艺术属性描述为可表达的价值术语。在这方面，政策制定者的任务可以解释为在艺术的经济价值和文化价值之间寻找最佳平衡，并因此校准资金拨款决定。

在以下的两节，我们将讨论艺术政策产生效果的主要途径：通过文化管理部门或艺术委员会等公共机构的直接赞助措施，以及通过税务系统的间接支持。这些途径并非相互排斥，在大多数发达国家及其地方行政安排中都包含两种因素：例如，在英国等国家，国家层面上的艺术政策主要依靠艺术委

① 详见霍尔登（2004：21）。

② 在报告的前言中，詹姆斯·伯内尔（当时的文化、媒体和体育大臣）将这种运动描绘成“一个关键”（麦克马斯特，2008：4）。

员会模式，但也通过税务奖励来鼓励私人部门的支持；而在美国等国家，间接支持成为联邦艺术基金的主要措施，[①] 而各州艺术委员会等次国家机构管理实际的文化政策。[②]

直接支持

在不同国家由于各个行政机构具有不同的重要性或综合性，这形成了对艺术提供不同的直接赞助的体制结构。最为极端的是艺术或文化部门将拨款直接分配给接收的组织和个人，大量的欧洲国家使用这种模式。[③] 在此模式中，最终的决定权在相关的政府部门。而体系的另一端，决策的职责被转移到独立的法定机构（通常称之为艺术委员会），它起源于 20 世纪 40 年代英国建立的机构。这种运作中的所谓公平原则，旨在保证拨款决定免遭政治干扰。当今，艺术委员会模式在英格兰、苏格兰、威尔斯、爱尔兰、加拿大、澳大利亚以及新西兰广为使用。然而，其中的大多数国家，国家级的艺术部门通常保留一些功能，如对公共博物馆、艺术画廊或国家艺术节的国际宣传的拨款。

本节将详细讨论对艺术进行直接支持模式的三个方面：艺术资助当局的目标、分配决定的制定，以及一些管理问题。

---

① 见国家艺术捐赠委员会（2007）。

② 关于美国次国家级文化政策重要性的讨论，见舒斯特（2002b）。

③ 有关欧洲情况的讨论，见范德·普勒格（2006）。

目标

英国艺术委员会的首任主席，约翰·梅纳德·凯恩斯在1945年广播电台宣布即将成立的理事会上阐明其主要目标是：

> 营造一种环境，孕育一种精神，培养一种观点以提供一种激励；艺术家与公众能够彼此维护并生存于一个联合体中，这种联合体在过去的文明生活的伟大时代也会存在过。[①]

此后，世界各地艺术资助机构的目标宣言已经被艺术的文化重要性、创造性、艺术家对卓越的追求、对艺术参与的需求、艺术家的身份形成的重要意义，以及更为重要的个体艺术家基础性作用所代替。例如，加拿大艺术委员会将其“最终目标”描述为：加拿大艺术家的创作是创新、多元、充满活力的，表达了加拿大人对世界各国的深刻认识。[②] 在新西兰，艺术委员会的议会法案阐明了委员会的指导性目标包括参与、获取、卓越、创新、专业精神和鼓励。[③] 苏格兰艺术理事会在2007年颁布的声明也总结了这类精神，该委员会宣称其使命是：

> 通过筹资、发展、研究和宣传以促进对艺术的卓越追求并服务于苏格兰人民。我们相信艺术是自信和有教养的社会的基础。它挑战并激励我们。它给我们的生活带来美好、兴奋和幸福。它帮助我们表达个人、社区和国家的个性。[④]

将这些意图良好的声明翻译成现实政策目标，可以参考第3章中有关效

---

① 约翰·梅纳德·凯恩斯发表在1945年7月12日的《听众》广播上。
② 见加拿大艺术委员会（2008：17）。
③ 见新西兰艺术委员会（Toi Aotearoa 1945，第五节）。
④ 见苏格兰艺术委员会（2007：5）、伽洛维（2008）。

率与公平的双重目标的讨论，并使用经济学术语加以解释——效率可以视为增加艺术产出的数量和质量，而公平与这些产出在不同收益阶层的分配有关。根据这些术语，政策目标可视为与典型的非营利公司之目标相吻合。这种公司的经济学模式是：假定效用函数是产出和质量的联立函数（如何衡量），并在财务盈亏平衡点的限制下优化其效用。如果目标函数中的质量维度可以概括为所能达到的最高艺术标准，而产出方面可以定义为增加的消费和获得的参与，那么政策目标则可以定义为对卓越与参与的联合追求。澳大利亚艺术委员会的第一任主席（后称为澳大利亚委员会）H. C. 库姆斯博士也清楚地表达了这一点。像凯恩斯一样，库姆斯是他那个时代有着强烈艺术感情的著名经济学家，在 1973 年其第一份委员会年度报告中，他写道：

> *委员会和董事会面临的本质问题，是为了各种目标分配资源和精力，以到达适当的平衡——尤其是在追求卓越和艺术体验的广泛参与方面。*[①]

时至今日，资源与参与、质量和数量这些双重目标并未有多少改变。尽管在过去几年，为了改变艺术生产模式以适应一般的社会文化趋势，艺术政策有些微小的改进，但根本问题仍然是这些国家的政策目标是否相关、是否可以实现，以及能否被评估而不是仅仅停留在一般术语上。与此相关的一个质疑是“艺术委员会知道它在干什么吗”，这是克伦·科依和马克·布拉戈于 1973 年在英国艺术委员会所写文章的标题。[②] 三十多年过去了，这一问题仍然与各地的艺术拨款当局相关联。也许我们提请注意的日益扩大的文化政策范围，至少提供了这一问题的一部分答案：用开放的方式建立起一个清

---

① 见澳大利亚艺术委员会（1973：16）。

② 见科依和布拉戈（1973）。

晰明确的创意艺术政策；将艺术更充分地纳入更广泛关注的公共政策之内，以及很自然地赞美艺术在日常生活中的中心地位及其所有方面。

分配决定

由政府部门或艺术委员会提供的直接艺术拨款，必须对某一特定预算内相互竞争的各种用途之间的分配作出决策，以便与国家目标相一致。在此需要回答的第一个问题是："应该在价值链的哪一点上进行干预?"如果艺术活动的一端是艺术家的创作而另一端是最终消费者，而其中是一系列的价值增加过程；对于往哪里注入拨款资助，是由政策制定者来决定的。表面上看似乎可以肯定：如果改善艺术质量的目标至关重要，那么对价值链的生产一端的援助是恰当的，而如果相关的目标是增加参与则应当支持消费者。但是答案可能并非如此明确，因为在价值链的某个点上提供拨款也许会干预其上下游产品和服务。例如，如果我们的目标是扩大剧院的上座率，那么通过拨款使剧院降低票价可能有助于我们达到目标。同样，通过给演员、剧作家、设计师等拨款来帮助个体艺术家，剧院的赞助资金也可能会流向其他方面。

对艺术家个人和艺术公司的直接支持包括数量和质量两方面的支持。增加产出数量——创作更多的小说、排练更多的剧目、进行更多的文化艺术展览和音乐演出——通过提高艺术产出达到更理想的社会水平，以纠正市场失效及与效率相关的一致性目标。在有些情况下，数量与质量的关系被视为竞争性的，有时是互补的。例如，在古典音乐中被赞助的工作包括更多的创新性、实验性和前卫性，但观众很可能是少数。一方面，如果被赞助工作的目标是追求创新，那么在资金支持的多重目标中很可能要在提高质量和增加观众之间作出取舍。另一方面，在视觉艺术展览及公共画廊中可能会发现，所展示的艺术家的声誉越高（至少在有些人看来这意味着更高的质量标准），参访的人数将越多；在这种情况下质量和数量之间存在正面的联系。[①]

根据经济学原理，在这种情况下，决策制定者的问题可以描述为：在彼此竞争的拨款申请者之间通过增加拨款（美元、英镑、欧元或其他）来确定对给定目标带来的边际贡献。经济学理论认为，对给定接受者来说，额外拨款的边际效益（根据不同的目标，如增加产出、改善出席人数、提高质量标准等）将随着拨款的增加而降低。如果是这样，决策制定者在申请者之间的拨款分配可以描述为：所有申请者之间最后一个拨款单元的边际效益是相等的，对这一目标来说这种分配将优化其总收益。

但是这一原理将很难应用于实际中，这并不奇怪。因为要想根据不同的目标来测量拨款的“生产力”，是不容易做到的。这种情况下，决策制定者必须作出具体的判断，并在最后的决策时刻修改相关参数。尽管不能通过这种正式的计算来解决真实世界的分配问题，但对补贴的边际产出这一概念的理解至少能帮助我们做出一些非正式的决定。为了说明这个问题，我们以对鼓励创新为目标的非营利性演出公司提供赞助为例。在戏剧等领域，新颖的、有风险性和冒险性的创作工作多半集中在小的、甚至是临时性的公司中；而一些小额的公共拨款对这些公司有着重大意义。在创新收益率上，对这些公司的额外补贴的边际产出很可能非常高。相反，假定考虑的不只是规模而且还有项目的安全性和保守性，那么对大企业额外融资的边际产出很可能相对小，但对大企业拨款的绝对额往往更加慷慨。

非营利性公司提出的问题经常与公共拨款分配有关：“营利性的歌剧、戏剧和舞蹈公司是否需要获得政府的赞助?”在回答这一问题时有三点与之

① 事实上，可以认为没有必要在“卓越与参与”之间取舍，约翰·霍尔登将其确定为一个虚假二分法；见霍尔登（2008）。

相关。第一，由投机性资本赞助的商业性演艺公司，对所涉及的投资可能有（也可能没有）投资回报要求。而对希望在风险市场寻找机会的投机者，政府没有责任提供赞助。第二，如果它们能够充分利用已经受过良好训练的艺术人才或在公共支出中获得经验，那么商业性演出公司可能已经从公共基金中获取了很大的好处。第三，也许是最为重要的，接受补贴的非营利的演艺公司将被禁止注册为法人团体。但对营利性公司并没有这种限制，如果一项补贴付给了这样的公司，有可能会被直接作为利润进入公司的老板或管理层的腰包，这种可能性是存在的。

众所周知，公共博物馆、画廊、戏剧演出公司、交响乐团等等长期以来面临财政困难，收入的不确定性会导致费用的增加。在作出拨款决定时，决策机构应从何种程度上考虑成本压力？例如，演出公司在提出拨款申请时，可能会援引著名的“生产力滞后于生活艺术（live arts）”现象。这种现象首次由威廉·鲍莫尔和威廉·鲍恩在1966年提出，此后被称为“鲍莫尔疾病”（Baumol's disease）或“成本病”（the cost disease）。[①] 本质上说，这一假设认为在生活艺术中生产力在一段时间内是静止不变的——时至今日，我们还在使用与贝多芬时代同样数量的人工和时间来演出贝多芬的弦乐四重奏曲。在一个两部门（two-sectors）模型中（其中一个部门存在技术劣势），生产部门的工资增长被转换到停滞的部门，导致后者在收入与成本之间差距的扩大，因为停滞部门的公司不可能通过提高生产率来支持工资的增长。将此原理应用到生活艺术中，鲍莫尔和鲍恩预测演艺公司为了留在这个行业内将必须增加非票房收入（如公共补贴）。

因为“成本病”而对受其影响的公司予以补贴，这个观点有效吗？很遗

① 见鲍莫尔和鲍恩（1966）；对当代问题的评估见埃尔布兰（2003）。

憾，实际情况并非如此。高成本制作可以从公共资源中获得一些支持，但很难获得足够的赞助。在正常生产条件下许多公司都承受着各种成本压力，但演艺公司与此不同。生活艺术的前景并不像“成本病假设理论”(cost disease hypothesis) 所说的那样暗淡。有关这种现象的经验研究已经证实，现场表演的成本确如模型所指出的那样在上升，但是这些成本对公司的影响已经降低，许多演艺公司能够通过各种战略措施来缓和生产力低增长的影响，这些战略包括利用未到期收入的新资源，开发新录音和分销技术，扩大采购之类的辅助活动，等等。

至此，我们的讨论集中在价值链的生产这一阶段，这是当前资金赞助的主要方向。增加参与的目标只是偶然出现，这可能满足通过消费者数量的增长来增加艺术品的产出这一假设。事实上，如果其目标是特定的项目，或者是旨在增加或者扩大听众的战略，则可通过对制作者的赞助来提高参与。例如，通过补贴来鼓励艺术家和演出公司将其艺术融入社会以及各种能体验其作品的人当中，可以给戏剧公司补贴使其提供各种免费的演出；歌剧公司可以在公园和广场设立一些屏幕，或者将其产品在电影院实时转播，等等。公共画廊提供的教育项目可以培养年轻人的艺术品位。

更为直接的是，资金补贴可以通过提供免费或低成本凭证以及兑换艺术家的商品和服务（如戏票、书等）直接到达消费者。笃信消费者主权的经济学家倾向于这些方式，他们认为由此产生的艺术生产模式将由消费者的口味，而不是制作者自己的兴趣或官僚们不明所以的判断决定。尽管自由市场的爱好者呼吁票据改革，但是，设计可以证明管理不善的可行性计划已经很难。[①] 如果广大消费者缺乏必要的信息去认识前卫或创新艺术的价值，而这些艺术又恰好是拨款当局质量目标的重点，那么由消费者来取舍这种补贴也许会破坏赞助艺术的质量目标。

管理

对文化项目提供直接赞助的艺术委员会模式基于两个原则，分别可以称作“手臂长度”（arm's length）和“同僚审查”（peer review）原则。“手臂长度”原则需要委员会建立一个独立机构，它应该有能力避免政府部门以及来自相关政治组织强加的影响，作出独立的决定。[②] 从政府的角度来看这种管理的优点是：如果委员会作出不受欢迎的决定，或者其赞助的项目或活动在社会上被认为是淫秽或令人反感的，那么部长可以声称对此不负责任并免受责备。与此相关的第二原则是“同僚审查”：艺术的拨款分配应该由专家来决定——那些正在被赞助的同僚——比如医学研究领域在作出拨款决定时也依赖于专家的判断。这样，对有争议的艺术提供公共基金支持将是理性的。

虽然这两个原则在大多数委员会中设法避免了一些冲击，但几年前由美国联邦政府赞助的国家艺术捐赠基金会（NEA）的拨款而引发的著名“文化战争”，使两者之间开始产生分歧。[③] 据称对淫秽或亵渎项目的赠款持续受到保守的政治和社会力量的批评，直至 1990 年美国国会对 NEA 主席施

① “颠覆”在这里的意思是指这项计划不会扩大，只是对早期支持艺术而且已经支付全价的人提供免费的贡献券，见维斯特（1986）。

② “arms-length”模型的批评者认为由政府直接对艺术委员会进行政治操纵已成为不可避免的，因此它们需要更大的责任制；见布赖顿（2006）。

③ 有关论文的收集，见波尔顿（1992）、马库斯（1995）、拉仕顿（2000）。英国“文化战争”的讨论见科伦等（2005）。

加一项要求：拨款决定必须考虑“一般的正派标准，尊重不同的信仰和美国人民价值观”。[①] 否则，捐赠的资金将被切断，此后的活动会大受影响。

“同僚审查”原则在美国之外的艺术委员会的运作也是一个有争议的问题。对此原则的批评者质疑那些拨款小组会议的艺术家和经理们是否真正有能力作出独立的判断，尤其是当申请人的圈子相对较小而且彼此熟悉时。事实上，尽管旨在解决实际或潜在利益冲突的程序设计往往包含在董事会、小组和委员会的操作规定中，“同僚审查”过程仍然被有些人视为对“监管捕获”（regulatory capture）现象负有责任。鉴于这种情况，在追求一个更广泛、更有“代表性”的分配决定的参照基准上，一些艺术拨款当局开始引入“独立”的个人（例如，来自非艺术领域的官员、社区的代表、私人部门的公司管理人员等等），以冲淡同僚在拨款委员会中的影响。

最后一个治理问题涉及公有和私人所有权问题，以及政府对文化机构（如艺术画廊、博物馆、交响乐团、广播组织等）的控制等问题。近年来，大多数国家的经济政策不断强调开放有市场能力的经济行业，减少国家对经济活动的干预。这一趋势被各种方式所见证：其中包括打破国有垄断，将公共资产转变成私人所有，将承包和外包（contracting-in and contracting-out）引入公共事务的运营中，增加“使用者自付”（user-pays）原则在这些组织中的应用，等等。所有这些现象不断地出现在“私有化”的标题之下。由此产生的问题是，私有化的不同进程（如果不是全部的话）将如何影响国家对艺术和文化的政策。

首先，有报道说将公共资产转变成私人所有权已经在交通、电讯和能源部门大量地发生，但这并没有也不可能在国有文化机构发生，即使它们是有

---

① 引自纳策（2006：1233）。

效的垄断性运营。其原因与文化行业的目标有关：它们不是在竞争的市场中追逐利润的商业组织，尽管它们的经济表现、提高收入的能力、成本效益、市场效率等等是政府关心的问题。其存在的理由是对社区和国家的文化生活的贡献。

然而，在内部管理和运营方面这些组织可以使用私营部门的战略以改进运营及管理效率。提高利润并将一些职能外包出去也许是一个降低成本的有吸引力的选择。如果外包与机构的非文化方面有关（例如艺术画廊中的饮食服务），这些转变将以正常的经济标准来衡量。但是如果外包与文化过程有关，那将必须关注其质量问题。例如，购买新闻而不是使用自己的记者的公共报道，可能会对其播出内容的主要方面失去控制。

也许存在一些来自许多国家现有的关于私有化经验正面的或负面的教训，这可能有助于文化机构、组织、企业等处理经营环境中的变化，其中包括减少政府预算的压力以取得更高的效率，以及改变市场需求和新的管理环境等。有研究表明，公司结构及奖励机制对商业经营效益的重要性，这意味着有机会在艺术组织内部重新设计管理体系和程序。一些国家的文化机构表现出了这种趋势，例如，荷兰在重建国家博物馆和画廊时将这些项目作为自主和独立的商业单位来对待。在这些项目中国家保留建筑和藏品的所有权，并在协商的条件下继续提供财政支持，但是在设施运营、公众服务、组织结构以及管理方面变得更加灵活、提供动态的反馈以及更有企业精神。澳大利亚国家交响乐团提供了另外一方面的案例，它们在近年来逐步推行公司化管理并保留公共部门的现状，国家给予其自决和独立的权利，使其在满足不同社区的文化需要方面发挥更多的不同作用。①

间接支持

现在我们讨论另外一个主要措施：政府通过使用税收制度来鼓励私人捐赠以支持艺术，或者允许各种对艺术家或艺术组织的税务减免。对公共收入来说这些间接资助并未见于政府预算中，它将税收损失因而引起的公共收入减少体现了出来。

在考虑对艺术的私人资助时，区别资助和慈善活动是非常重要的。前者通过对艺术组织提供零成本或低成本的商品和服务，或者通过提供财务支持作为对命名权或其他公司认可的形式的一种交换，公司因此而获得一些对其品牌有益的活动。这样，一个资助协议是纯商业交易：受资助的艺术组织获得财务或其他好处，而资助公司享受一些广告或销售的好处。慈善活动是指不附带使用条件的现金或实物捐赠，通过提供资金，捐赠者对艺术家、艺术公司或组织提供支持，他们除了促成一件有价值的事业并“发扬光大”(warm inner glow) 以外没有任何回报。但是受益的流向并非单向的，除了良好的愿望外一名慈善家的动机很可能是通过其捐赠而获得税务减免。

志愿者义务劳动被视为另一种形式的慈善活动。许多人免费为艺术或文化组织奉献其时间和技能，因为他们对艺术有兴趣，欣赏艺术组织，与其拥有共同的目标，并愿意以不同方式提供帮助，或者仅仅因为他们有充裕的时

① 有关这一领域的综述见博如斯马等（1998）所收集的论文；有关荷兰案例的评估，见恩格尔斯曼（2006）；澳大利亚交响乐团的分析见博意尔（2007）。

间而且愿意将时间用于其喜欢并且认为是有价值的事情上。个人的成本可以根据其所奉献时间的机会成本来衡量，除了一些不能报销的相关支出以外，受捐组织的好处是可以降低劳动力成本并有机会使用一些有特殊技能的工人。①

在以下有关对艺术提供间接支持的讨论中我们考虑三个方面：以税收为基础的政策理由、使用机制，以及鼓励以艺术为目的的捐赠在经济方面的影响。

政策理由

通过税务制度支持艺术和文化的理由有两点。第一，这种制度能够动员私人支持艺术和文化，从而将财政资源引入艺术部门。换言之，公共资助作为一种给定成本以私人资金作为杠杆，可以提高其可使用资金的总量。第二，补贴给谁和资助什么的决定被有效地从官员和政客手中转移到为数众多的个人手中，他们将其捐赠直接给予他们选择的组织和活动。

这些政策的首要原因似乎很直截了当。虽然令人尊敬的公民以及有“利他主义”思想的公共基金支持艺术可能并非出于税务优惠的考虑，但是提供这种优惠政策刺激了大量的捐赠，而税收上的损失可以视为将钱用在该用之处，因为它将一般公众整合起来并以相对小的成本帮助政府达到融资的政策目标。而且，与纯粹的政府直接赞助相比，受捐组织似乎更加受益。

但是，这里面有一个私营部门涉足对艺术的支持而产生的公众与私人筹资之间关系的问题。特别的是，私人捐赠是否存在一定水平的对直接公共支持而产生的“挤出”（crowding out）或“挤进”（crowding in）效应的问

① 详见布斯塞和福布斯（2006）。

题。如果捐赠者发现对一个特别的艺术组织或整个艺术部门的公共捐款越来越多从而减少其奉献，那么“挤出”效应就发生了。这种“挤出”效应还可能从相反的方向发生：一方面，如果一些艺术组织从其他途径成功地获得资金，那么政府机构将削减其对受援组织的资助。另一方面，慈善捐赠者有可能被一个从公共机构获得资金的艺术团体所吸引而发生“挤进”效应。

大多数有关收入和公共筹款水平之间关系的研究都在美国进行，[①] 但是这些研究对“挤出”效应和“挤进”效应的判断仍然模棱两可，它们对特定的研究案例的不同情况和不同结果的分析得出的结论大相径庭。在总结大量的研究后，阿瑟·布鲁克斯指出：

> 政府补贴和私人慈善捐赠之间的关系完全取决于不同部门、政府干预水平以及用于分析的特定数据。[②]

例如，保顿·艾布拉姆斯和马克·施米茨（1978）早期的研究发现一些通过政府转移支付的私人慈善捐赠存在“挤出”效应；而帕特里夏·休斯和威廉·鲁克塞提（1999）发现对艺术博物馆的捐赠中存在“挤进”效应。但是，弗兰切斯卡·博尔戈诺维和马克·奥莫尔（2004）发现，在很长时间内国家艺术捐赠基金中并无明显的“挤出”和“挤进”效应。[③] 显然，现在还没有确切的结论。

通过税务制度支持艺术的第二个原因与艺术拨款责任下放有关——从政府的权力下放到由人民来决定谁得到什么。这显然有一种赞成分散决策过程的意识形态方面的理由。那些倡导消费者主权以及在政府资源分配中依赖市

---

① 见舒斯特（2006）中的大量文献。

② 见布鲁克斯（2000：13）。

③ 见艾布拉姆斯和施米茨（1978）、休斯和鲁克塞提（1999）、博尔戈诺维和奥莫尔（2004）。有关“挤出”效应的进一步讨论见范若伊和吉更（2001）、纳策（2006）、舒斯特（2006）。

场的人，将艺术的间接支持制度视为美德。他们认为，这种制度不仅对艺术拨款决定的各种优惠实行多元化，而且还对那些只有单个公共部门支持者的艺术家个人和组织开放了更广泛的融资途径。将与艺术政策相关的决定权从政府转移到私人，也许使得公共政策的某些方面具有更加不确定性。这种不确定性也许会影响到政策的效果及其使用。首先，如前所述，对未来艺术成长的研究与开发，以及实验状态下的各种创新性工作需要提供慈善性和公众性支持，但公众也许并没有太多的兴趣，而对这方面的鼓励一直是艺术政策的重要目标。而且，如果艺术捐赠者主要来自富裕收入的群体，那么参与目标将会受到影响——他们对艺术的支持将会通过反映他们口味的方向和途径输送出去。这不一定能满足不太富裕的社会成员的需要，而他们却在寻找参与的目标。①

使用机制

各国政府有自己一系列的处置方法，而其中的税务制度可用来对艺术家和艺术组织提供支持。各种措施的部署及其与艺术的直接赞助之间的关系，在各国之间甚至在本国不同的案例之间有很大的差别。下一节将从经济方面讨论间接支持，在此我们先简单列举最重要的机制以及可以使用的间接支持政策。以下是与税务相关的主要措施：

- 非营利组织的税收待遇。为非营利组织建立的规章制度，允许其减免收入税及其他税款（如财产和销售税）。这些优惠条件涉及非营利部门，通常还包括宗教、教育、与健康有关的机构、社会福利以及其他类型的企业及文化组织。因此，税收减免并非仅仅涉及艺术政策，它

① 大力提倡对艺术支持的分散体系的是泰勒·科文，见科文（2006）。

还涉及更广泛的政府利益。执行这些措施也许是为了针对具体的文化组织，例如对特定艺术投入的销售税进行豁免。

• 个体艺术家的税收待遇。通过税务制度使之在所得税税率上获得一些优惠，或者减免一定的销售税，或者承认其艺术支出作为在计算应课税收入时的合法扣除，来支持职业艺术家。虽然最后一项规定会出现在一些业务运作中，但艺术家有时很难向税务当局说明其难处：正如艾伦·费尔德、马克·奥莫尔和马克·舒斯特所云，“艺术家以此为生而许多人以此为乐”。[①] 当艺术家希望通过用艺术成本来抵销其非艺术收入而寻求商业损失赔偿时，情况就更加复杂了。

• 慈善捐赠的税务待遇。正如前面有关非营利条例中讨论的，为捐赠而设立的税务抵扣远远超出艺术和文化政策。但是，这一政策指明影响捐款的种类、确定符合资格的受资人的类别，以及所涉及的适用于艺术的税率。正如以下我们将看到的，在决定其捐赠规模时个人很可能受边际税率的影响。公司的慈善捐赠也受税务优惠的影响。[②] 艺术捐赠通过税务减免的政策措施包括捐赠、作为税前收入抵扣以及应付税款回扣的津贴。政府必须作出的相应决定包括如何设定边际税率、对允许的数量设置最高或最低的限制，等等。

• 礼品和遗产的税务待遇。有时对艺术机构的捐赠是以各种礼品而非现金的形式进行的。例如，一名收藏家将其艺术品捐赠给画廊。政府可以根据其所捐赠的资产价值通过减免收入税、死亡税和继承税等等来促进这种慷慨捐赠。在有些情况下，如果不方便或不能满足这些现金

① 详见费尔德（1983：17）。

② 虽然这种慈善捐赠不是利他主义和不附加政治条件的，但很可能对公司的公共形象产生有利影响，这种公共形象来自于对重要的艺术和文化组织的突出捐赠。

要求而重新调整个人的纳税义务，这种捐赠就不那么慷慨。有一种特定类型的礼物（它看上去可能很可爱）是艺术家自己创作的作品，或者是税务机关根据具体情况而定的礼物。如果接受这种捐赠将引起一些问题——因为这一礼物可能按其制作成本或市场价来估价，如果是后者如何定价将成为一个问题。

• 通过间接税收的协助。对艺术提供与税务相关的协助还可以通过对货物和服务税、增值税或批发/零售销售税的特别规定来提供。换而言之，在几乎所有的司法管辖权范围内都存在一种或其他形式的间接税。当文化制作者购买材料或消费者购买艺术品和服务（例如书、画、戏剧门票等）时，他们可以申请特别的税收降低或减免。事实上，一旦减免发生，制作者和消费者都可从中获益，因为税项的发生率取决于商品和服务对供给和需求的相对价格弹性，并且由市场的两端所承担。在一些重要领域，可以应用的政策措施与对最终商品和服务征收的税率，以及让合格的艺术商人获得完全免税地位的可能性有关，这意味着他们可能收回其投入时所付的税款。

经济影响

以上讨论的所有措施会以多种方式影响价格——改变边际税率会影响捐赠的税后价格，而改变增值税会影响戏剧门票的价格，等等。通过税收制度执行文化政策的一个重要的问题，与这些价格如何影响人的行为有关。例如，能否通过消除增值税以减低书价，从而导致需求上升？如果是这样，将上升多少？收入的边际税率上升，对个人慈善捐赠的数量有什么影响？在这些情况下，描述个人反映的重要参数是价格弹性——需求数量或捐赠量变化对价格变化1%的反映。我们将通过参考一个简单的例子来演示价格弹性的重要性。

假如一个非营利的戏剧公司希望获得慈善捐赠。从捐赠者的角度来看，重要的问题是捐赠的税后价格。例如，如果边际税率是每元 40 分，捐赠者捐赠 1 元的成本是 60 分，因为他每捐赠 1 元将降低 40 分的税费（政府花费 40 分来降低税收）。换而言之，戏剧公司通过这种方式收到的每 1 元中，60 分由捐赠者个人提供，40 分由政府资助。现在，假设边际税率上升，这使得对戏剧的捐赠更有吸引力，因为每 1 元捐赠的税后价格将下降，而个人每捐赠 1 元的税后减免也将相应加大。捐赠对税后价格的影响可以描述如下：如果税后价格下降百分之 x，意味着捐赠量将上升百分之 x（价格弹性），其结果是戏剧公司和政府双赢；相反，如果价格是非弹性的，结果亦然，其平衡点是税价下降百分之 x 导致捐赠相应增加百分之 x（单位弹性）。

有关捐赠对税后价格变化的反应的实证案例见本章的附录。在此仅仅指出：当政府考虑使用边际税率或影响慈善捐赠数量等措施以追求增加艺术和文化部门的赞助量为政策目标时，税后价格弹性对捐赠是一个非常重要的信息——它取决于从一个或其他方向改变税率是否能成功达到需要的目标。但是，遗憾的是，实证结果是不确定的。正如马克·舒斯特曾经指出：令人沮丧的是，“在近 40 年对这个问题的研究并没有出现一个明确的共识”。[①] 这样，政策制定者有可能依赖判断和信念，而不是对不可预测的公众行为的预测能力。

① 见舒斯特（2006：1272）。

个体艺术家的作用

前面我们已经注意到，多年来对个体艺术家的赞助已经成为许多国家艺术政策的一贯特点和中心主旨。由于政府通常不通过支付补助金等手段来支持具体的职业以便能实现其愿望，这就值得思考“为什么艺术家能够接受这种政策关注”。为了回答这个问题，有必要描述个体艺术家的特点。

艺术工作有三个特点，它们综合起来形成劳动力市场上其他工人所没有的特点。[①]

第一个特点是：职业艺术实践的经济回报通常低于具有类似特点的其他职业（如教育和职业训练等）。这样，艺术家劳动力市场将呈现多种就业形式。尤为典型的是，艺术家将其工作时间分成三部分，并与三个劳动力市场相联系：具有创造性的工作（包括各种职业准备、实践、排练、研究和类似的时间）；其他与艺术有关的市场，如各种形式的艺术管理和教学工作（尤其是视觉艺术家、乐手、歌手和舞蹈演员）；与艺术无关的劳工市场（很多演员似乎不可避免地要做一名出租汽车司机或餐厅服务员等）。

第二个特点是：与其他职业相比艺术家营利的波动水平一般比较高，这使得个体艺术家将风险视为其市场参与的重要决定因素。不愿承担风险的个人不敢进入艺术界的劳动力市场，但是有些人可能会被“赢者通吃式的抽奖”（winner-take-all lottery）前景所吸引，该奖项是给予超级明星的。超级明星是指著名摇滚音乐家、电影明星那样的艺术家，其收入远大于其竞争

① 有关艺术家劳动力市场的研究综述，见贝纳姆（2003）、阿尔佩尔和瓦斯奥（2006）。

者，这与边际生产力理论所指出的情况有很大的不同。[1]

第三个与其他劳动力市场不同的特点是在决定时间分配中的非金钱动机的作用。艺术家通常不将工作作为赚取收入的唯一目的。他们致力于艺术意味着他们对其所选择的专业有一种积极的倾向。有证据表明，艺术家为了追求创造性工作而花费过多的时间并且经常放弃一些有利可图的就业机会。关于这一点可以参照时间分配问题模型，艺术从业者必须在二者中作出选择，一方面是喜欢但报酬低的艺术工作，而另一方面是薪酬较高但其预期较低的非艺术工作。这一选择受最低温饱收入的限制，这种选择往往很浪漫，但不太在意艺术家的实际生活状况。这种劳动力供给的“工作偏好”与普通教科书中预期的行为有所不同。例如，非艺术职业的工资上升也许会导致在此职业中的工作减少，这样它能使艺术家有更多的时间用于专门的艺术，这一现象类似于常规模型中的“向后弯曲”（backward-bending）的劳动力供给曲线。[2]

艺术家从实践中获取的精神收入与其创造性冲动有关：艺术家的动力在于追求艺术理想而非经济回报，但最低收入的限制是不可避免的。这样，有必要对创造性工作建立一个有约束条件的优化模型，其中的决定变量是对艺术（首选但低收入的）和非艺术工作（非首选但高薪酬的）之间的时间分配，而其约束条件是在给定时间内的生存收入。[3]

作为一个整体的劳动力供求市场，艺术家劳动力市场在较大的经济领域内运行。许多国家的劳动力市场正在发生根本性的变化，其中之一是雇用大

---

① 有关这一议题的初始论文见罗森（1981）；近期的文献回顾见阿德勒（2006）。

② 关于艺术家工作偏好模型的最初探讨索罗斯比（1994），另见科文和塔巴若克（2000）、鲁滨逊和蒙哥马利（2000）。

③ 见索罗斯比（2001，第 6 章）、布莱恩特和索罗斯比（2006）。

量的临时工和流动性更大的劳动力。艺术家劳动力市场也存在这些变化，正如皮埃尔·米歇尔·门格指出：艺术界的就业已经从依赖于短期雇佣形式被以项目为基础的制度所取代。这样，大部分商业风险向下转移到劳工身上。艺术家通过同时做多份工作、职业技能化、工作范围多元化以及从社会福利部门或其他收入来源获得偶然收入等来学会管理风险。[①] 在艺术生涯中有许多阻碍，而且在许多国家艺术家是供大于求的，但艺术家的非金钱性动机鞭策他们继续从事艺术工作。

鉴于上述艺术家的工作方式，我们要问的是政策利益何在？答案是艺术家在其艺术创作及其向公众的传播过程中，在艺术政策的形成以及提供材料的过程中起到了重要的、原创的作用。艺术家对艺术的创作是独有的：没有艺术家就没有原创性工作，并将失去艺术政策的重要元素。公众对艺术资助的一个理由是通过艺术活动产生公共福利，因此将其作为一个适当的政策措施来支持艺术家并作为其主要收入来源，这是正当的。

如何提供这种支持？通过上述讨论以及对艺术家工作状况调查的实证分析可以明显地看出，限制专业艺术实践的基本约束是时间和财务回报的可用性。支持艺术的措施包括如下方面：

- 对其全职地集中于艺术工作的直接资助；
- 对特殊工作或工程制作的佣金；
- 对研究、指导、旅行等特殊目的的经济赞助；
- 支持公司雇用艺术家；
- 对表演和出版等工作的支持，例如允许艺术家将新的或现存的作品向公众发放；

① 详见门格（2006）。

- 通过非艺术途径提供收入支持，例如，通过社会福利系统艺术家能够获得失业补助使其能够继续其艺术实践；
- 对艺术的教育和训练的支持。

所有这些措施的使用在不同的国家有所不同。这些措施合在一起帮助专业艺术家，否则他们将难以为继。

结语

在过去几十年中，艺术政策发生了很多重要的变化。“高雅艺术”和“大众文化”的严格区分在早期主导艺术政策，并且不可避免要适应上层社会的口味，但现在这些已经逐渐放开了。新的通信技术为新的消费群体提供了文化消费的机会，并且产生了文化尝试的新模式。由于艺术家、演出公司和公共文化机构不断扩大“什么是艺术”以及如何体验艺术的想法，艺术博物馆的参访者和剧院、歌剧音乐和舞蹈的观众来自日益扩大的社会群体。在这些情况下，政策制定者大都支持范围更广泛的各种活动，并且继续忠实于追求卓越和参与的基本艺术政策目标。

本章我们讨论了艺术政策是否由艺术委员会、文化部门或其他一些机构来管理，以及它是通过对艺术家、组织或消费者的直接资助，还是通过税务制度的间接资助来实现的。艺术政策的根本作用可以表达为它对所服务的社会所创造的价值。毫无疑问，艺术有明显的益处，并且可以通过对艺术创作的市场价值或非市场价值的评估来计算。虽然经济考量在艺术政策的形成中是根本因素，但它们不应该控制政策制定全过程。因为其主要考量必须是艺术终极原因的文化价值。与以往一样，其目标是在卓越与参与、质量与数量、效率与公平之间，并最终在经济价值和文化价值之间的平衡。

附录：税后价格变化对慈善捐赠的反映之说明

考虑一家接受慈善捐赠的非营利性剧院。假设开始时收入的边际税率是每元40分，这样每元的税后价格是60分。假设边际税率从每元40分上升至46分，因此税价下降54分的10%。价格下降将对个人的原始捐赠（例如100元）会产生什么影响？考虑三种可能：

- 假设捐赠增加20%（增至120元）。其总成本将从60元升至65元（120×0.54），而政府部分将从40元上升至55元。这样，政府支出增加15元，并导致额外的20元进入剧院。

- 假设捐赠增加10%（增至110元）。其总成本将大致不变（110×0.54=59.4元），政府部分将上升10元。

- 假设捐赠只增加5%（增至105元）。其总成本将是57元（105×0.54）。这样政府部分将从40元上升至48元。在这种情况下，政府的成本将增加大约为8元，并将导致额外的5元进入剧院。

这些计算归纳在下表：

		税后价格下降10%		
	开始的状态	增加20%的捐赠	增加10%的捐赠	增加5%的捐赠
捐赠额（元）	100.00	120.00	110.00	105.00
个人部分	60.00	64.80	59.40	56.70
政府部分	40.00	55.20	50.60	48.30
价格弹性的绝对值		>1	1	<1

第一种可能显示一个正面的结果——税价的下降对捐赠者有足够大的刺激而导致政府和剧院双双获利。在第二种可能中，捐赠者的税后成本将大致保持不变，而政府将提供给剧院所有额外部分。在最后一种可能中，捐赠者

的反映很弱。如果政府只是直接而不是通过税务系统提供 8.30 元给剧院，那剧院将会获益。在这些可能中有什么不同？相对的参数是捐赠额对税后价格的弹性。在第一种可能中，税价下降 10％导致捐赠增加 10％以上（价格弹性反映，即弹性的绝对值将大于 1)，而在最后一种可能中，捐赠的增加将少于 10％（价格非弹性反映)。弹性值的临界或盈亏平衡点是单元的绝对值，即价格下降 10％与捐赠上升 10％的对应值。

第5章

文化产业

菲尔：我们定位乐队，我们发现乐队。你以为音乐是某个伟大时刻闪现的灵感，其实它是个产品。

安德鲁·阿普顿：《来福枪之心》，2008

引言

在前面的章节，我们谈到文化政策在文化产业从传统的只注重艺术向关注一系列更受经济驱动的优先问题转换的过程中所起的重要作用。在这一过程中，创造性是一个将内容上具有创意的文化产品和服务的生产与日益增加的文化产品的市场机会联系起来的关键因素。技术的快速更新，尤其是视听产品的生产和使用，为产业发展大大降低甚至消除了再生产成本和分销成本，并将文化产业提升为国际信息经济中一个不可或缺的组成部分。这种对创造性的关注甚至造成了我们在第 2 章里定义文化创造性产品和服务时的词汇混淆。这些产品和服务应该被称为文化的还是创造性的，还是根本无关紧要?

学术界对这一问题有很多研究，有的探寻理论上的起源，有的追究语义上的精准，有的则更关心某一类别包含了什么没包含什么。[①] 在实际的政策领域，“文化产业”一词最早于 20 世纪 80 年代出现于英国；1994 年，澳大利亚在一份旨在制定一项将艺术与新的通信技术相结合的文化政策的政府声明——《创新型国家》——中使用了“创意产业”一词。[②] 1997 年，英国文化、媒体和运动部（DCMS）在成立创意产业特殊任务组时借用了创意产业，并使这一名词得到更为广泛的认可。2000 年，理查德 · 柯福思(Richard Caves) 出版的影响深远的一书就以《创意产业》为标题。在书

---

① 见奥康纳 (1999)、加海姆 (2001)、弗路 (2002)，哈特利 (2005) 的编辑按语，以及普拉特 (2005)、盖洛威和邓洛普 (2007)。

② 见澳大利亚联邦 (1994)。

中，他将这些产业定义为“为我们提供可以笼统地与文化、艺术或娱乐价值联系起来的产品和服务的行业”，[①] 换言之，也就是文化产品和服务产业。

“创意产业”这一名称主要在英国及一些欧洲国家使用，而其他地方则更多使用“文化产业”一词。例如，联合国教科文组织认为文化产业是“将那些无外在形式而有文化实质的，创新、生产和商业化结合在一起的产业。这些内容通常受版权保护，形式上可以是商品也可以是服务。”在联合国教科文组织看来，文化产业的一个重要方面是它们“在推动和保持文化的多样性和确保人人都可享受文化这方面起着至关重要的作用。[②]”法国最近也将文化产业定义为“一系列在文化产品的大规模生产和商业化过程中，将文化的概念化、创造性和生产与工业功能结合在一起的经济活动。”[③]

在此，我们可以用第2章中定义文化产品和创意产品的相同方法来解决这个问题，即：创意产业是指那些生产创造性产品和服务的产业，而文化产业是指那些生产文化产品和服务的产业。根据这一定义，文化产业是创意产业的一个子集。因为本书关注的重点是文化政策，所以我们将重点讨论文化产业，而非创意产业。

随着文化产业对整个经济重要性的日益增加，政府政策对文化产业的影响又将如何？这是本章要讨论的问题。首先，我们讨论如何确定及衡量文化产业在现代经济中的角色。其次，考虑到文化产业对经济增长的贡献是政府对创意经济的兴趣所在，本章将从经济价值和文化价值两个角度来分析文化产业的行业情况及其对经济增长的贡献。最后，我们会谈到推动文化产业发展的政策决策。

---

① 详见柯福思（2000：1）。

② 详见 www.unesco.org/culture。

③ 详见研究、规划及统计部门（2006：7）。

明确文化产业在经济中的角色

对文化生产领域的结构有所了解是制定有效政策的先决条件。我们可以从两个名词——“文化”和“产业”本身得出两种定义文化产业结构的方法。首先，文化流行于文化研究、文化理论、社会学和政治经济学等各学科。这一方法可以追溯到西奥多·阿多诺（Theodore Adono）和马克斯·霍克海姆（Max Horkheimer）二人，他们炮制出颇具贬义的“文化产业”一词以形容他们所处的文化被商品化的时代。[①] 现在，从“文化”的角度对文化产业进行研究意味着探讨这些产业如何代表和塑造了当代资本主义文化；权力和阶级的关系如何影响文化的生产和分配；产业系统如何应对喜好，满足某一特定的社会和政治背景下的消费者需求。

这一知性框架所描绘的文化产业结构模式将关键角色赋予了那些通过广播、印刷媒体、电影、互联网等途径与流行文化的生产、传播和消费有关的生产活动。在这种结构中，创造性艺术（以其“高雅艺术”或“精品艺术”的形式）可能被搁置在外围，因为它们被认为迎合了那些高高在上的文化精英们的品位，所以很少受到政策关注。[②]

第二种方法则注重产业层面，比较流行于经济学、政治学和实用政策研究等领域。一个最好的例子是政策制定者们，尤其是在欧洲，出现了一股发掘文化产业的经济潜力的新浪潮。就像我们前面提到的，这一趋势的主要原

① 详见阿多诺和霍克海姆（1947）。
② 详见海斯莫汉（2007：11—15）和哈特利（2005）。

动力来自英国政府在20世纪90年代末对本国经济的梦想——在一个全球竞争的世界里，英国经济的驱动力是创造力和革新。英国文化、媒体和体育部(DCMS)对那些需要创意、技巧和才能，并通过利用知识产权而具有创造财富潜力和就业机会的产业予以特别关注。DCMS将这些产业称为“创意产业”，尽管所有属于这一类别的十三个产业其实都是“文化产业”。①

DCMS对知识产权作为创意产业的经济发展推动力的关注还体现在其他几个欧洲国家及联合国教科文组织对文化产业的定义上。世界知识产权组织(WIPO)甚至将创意产业称为“版权产业”，意指那些直接或间接介入到版权作品的创造、制造、生产、广播和分销的产业。② 这一分类较其他定义都来得更宽泛，例如它还包括为将版权作品传送给消费者而提供媒介的视听硬件。

将“文化”和“产业”这两种在文化产业的结构特征中同时并存的因素有效概念化的一种方法是第2章里介绍过的同心圆模式。这一模式中所具有的文化和产业双重特点在于它将文化产品和服务所产生的文化价值和经济价值区别开来。该模式认为，文化内容是在将创意转化为声音、文本和图像的生产和呈现过程中产生的，而这些创意首先来自各种主要的艺术活动。这一观点认为艺术(有别于科学)的创造性无比重要，即为什么创造性艺术——音乐、戏剧、舞蹈、视觉艺术、文学等——应该位于同心圆中心，而那些受这些创造性行为影响的活动应该处于圆心外围。模式的经济内容体现在不同层次中，并作为中间或最终产品被创造出来。

---

① 英国政府更倾向于使用“创造性”一词，部分原因是为了避免与高雅艺术之类的“文化”相关联，部分为了扩大所指产业的范围以将诸如电脑软件等经济潜力巨大的产业也包括进来。尼古拉斯·加海姆(Nicholas Garnham)认为文化领域大张旗鼓地使用“创造性”一词是试图借重“信息产业及任何旨在鼓励其发展的政策所挟带的无可争议的声望。”(加海姆，2005：20)。

② 详见知识产权组织及该组织所出版的多个国家报告。

当然，将文化系统里的中心角色赋予创造性艺术并非新鲜事。毕竟，前面的章节已经而且后面的章节仍将把它作为艺术政策的一个重要因素。然而，同心圆模式的一个显著特点是它通过将艺术置于那些从文化内容上来说更核心的产业，从而将这一中心角色融入更广泛意义上的文化产业。外围的圆圈延伸开去，包括了那些具有明显商业特点的行业，如广告和时装，甚至还可以继续延伸开去，包括诸如体育、旅游、美食、主题公园等。①

这里所讨论的同心圆模式已由索罗斯比（Throsby）（2001：112－113）做过一般性阐述，并被一些研究所采用、修改和改进。② 这一模式最基本的形式由 4 个圆组成：

处于核心的创造性艺术

文学

音乐

表演艺术

视觉艺术

其他核心文化产业

电影

博物馆、美术馆、图书馆

摄影

更广义的文化产业

---

① 例如希格斯和灰格（2008：13）。

② 包括吉布森等人（2002），佐佐木（2004），KEA 欧洲事务委员会（2006）及工作基金会（2007）；有关该模式的详细解说（包括一些实证数据）见索罗斯比（2008b）；有关创造性产品的多层供应链模式（第一层为“最有创造性的”活动）在《经济学前沿》为 DCMS 所作的一篇报告中有所论及（见 DCMS，2007a）；而马库森等人（2008）在定义文化职业时区分了“核心”和“边缘”的不同。

文化遗产服务

出版和印刷媒体

录音

电视和电台

视频和电脑游戏

相关产业

广告

建筑

设计

时装

虽然上述四个产业组别的划分以及某个特定产业归属哪个组别是从以同心圆模式为基础的假设中派生出来的，然而对某个具体产业的组别归属的最终决定却是特设的：它不依赖于用以衡量某一产品或服务所含的文化或商业内容的客观标准。例如，将设计归为“相关产业”这一做法就值得商榷。设计的某些特点是创造性的，可以被归入同心圆模式的核心；而其他诸如工业设计则本质上是功能性的，主要不是传递某种文化内涵。在实践中，设计行业从总体上讲包括很多方面，可以被认为与商品化有关，因而应该被列入同心圆模式的外围。

虽然将文化产业或创意产业概念化的方法有所不同，但是所有这些方法最终包含的产业却是一样的——媒体、创造性艺术、视听行业、文化遗产服务、出版、建筑、设计等。[①] 它们的定义与第 2 章所提出的文化商品和服务

---

① 如上所述，最主要的例外是知识产权组织模式的分类，它的范围较其他分类要广很多；有关其他模式及其所含产业的详细论述见索罗斯比（2008a）。

的定义是一致的：所有这些产业都需要大量的创造性投入，都提供了包含一定文化内容的产品，都或多或少需要利用知识产权作为其经济力量的源泉。

衡量文化产业的经济贡献

一个产业的经济功能可以从几个不同的方面来衡量。最基本的方法是衡量该产业对整个宏观经济的贡献：生产的总价值、附加值、固定资本构成、就业、出口等。这些统计数据可以表明该产业的规模，例如，该产业占整个国民经济的百分比。对文化产业的经济贡献的研究也是照此方法来进行的，它有效地表明文化产业不是什么微小的经济回流，而是整个经济的一个重要组成部分。对一个地区来说，通过分析经济活动的地理分布还可以识别创意经济活动惯于聚集的地点。尽管所有这些数据各自有其用途，但是如果其目的只是夸谈文化产业的经济“影响”的话，那么它们可能被不当使用，特别是，它们极有可能不会为政策干预提供任何特殊案例。[①]

产业组织理论的标准模式对文化产业来说非常适用。这一传统方法是对产业的结构/ 行为/ 绩效等特点进行评估：结构是指市场的组织形式，侧重于买卖双方的集中度、产品差异以及市场进入和退出的条件等；行为是指企业在设定价格和产量水平、营销以及竞争方面的做法；而绩效则是指企业在面对有效需求时，在成本、价格和产品质量等方面的效率。这种分析法最适用于那些与文化产品和服务的生产有关的产业。不过，产业组织理论的许多方法也同样适用于非营利性艺术领域，后者与一些经济概念如产品差异、垄断

① 有关美国艺术的经济影响的近期研究，见《美国人的艺术》(2008)。

租金、价格歧视、非价格竞争等仍具有极大的关联性。[①]

从产业之间关系这一视角出发可以获得更深层的洞察力。无论是要做出“贡献”还是产生“影响”，如果想要全面认识一个产业在整个经济中的作用，就应该了解该产业是如何与其他产业互动的。投入—产出法是这类研究中历史最为悠久的一种方法。它在描绘产品是如何被生产和分配，捕捉一系列外部刺激因素对产业、消费者和政府所造成的直接、间接和诱导效应等方面的功能非常强大。然而，文化产业的投入一产出法的实证应用却受到限制。首先，相对来说缺少最新的、含有足够资料的投入产出表以对文化产业进行有效识别；其次是该方法需要使用大量数据。不过，还是有一些比较成功的案例，比如布莱恩等人（2000）所做的关于艺术和文化产业对 1997 年威尔士经济的影响的研究。该研究锁定表演艺术、视觉艺术、手工艺、设计、文学、出版、媒体和文化遗产等一系列产业，通过问卷调查收集数据并将之纳入威尔士投入—产出表中。该研究评估了各产业部门对产出、就业和收入的影响，并对适时的政策干预提出了建议。

文化部门与其他部门的关系如何？文化部门内各产业之间的关系又如何？我们可以观察到以下几个不同的联系。

产业间贸易

文化产业内的企业与其他企业及消费者之间最直接的互动方式是通过产品和服务的供需活动来实现的。各种形式的文化产品被经济体中的其他机构使用，如酒店和餐饮行业购买现场录制或提前灌制的音乐作品，博物馆或美

① 布鲁斯·希曼（Bruce Seaman）注意到，有关产业组织理论在艺术方面的应用少得令人吃惊；见希曼（2004）。

术馆对公众提供的服务等。同样，创造性艺术的生产也会使用来自文化产业以外的资源，例如视觉艺术会从颜料企业购买材料、剧团会聘用会计、电脑游戏的发明者会向本地零售商购买可能是进口的硬件设施等。文化产业内部也会发生类似的互动。当然，这种相互关系是当代经济中各产业都具有的特点。对文化产业来说，重要的是关注这种相互依赖，以便判断文化领域内的经济活动所发生的变化对其他领域造成的影响程度。正因为如此，投入一产出法及其他一些相关的研究方法才是有用的，因为它们可以对外生变化的短期和长期效用做出评估。政策分析可以采用这些方法来研究以下问题：游客数量增加所造成的需求增长对文化产业的影响可能是什么？如果政府资助削减将导致艺术家的产出量降低并会对其他产业造成何种影响？

创造性劳动者（creative workers）的活动

文化产业与其他经济领域的关系中一个日益引起关注的问题是创造性劳动者的供应。艺术家及其他受过训练并可能从文化领域的核心产业中获得经验的声音、文本和图像作品的原创者也可能从事其他非文化产业工作。在创意产业和非创意产业（creative and non-creative industries）中的创造性就业和非创造性就业（creative and non-creative employment），即所谓的“创新三叉戟”（creative trident）模式中，这些工作者被称为“嵌入者”(embedded)，也就是说，他们的职业是具有创造性的，但他们供职于非创意产业。[①] 对某一时间点上某一特定经济体中这种“嵌入式”工作者的数量作出估计会因所使用的定义不同而不同。彼得·希格斯（Peter Higgs,

① 见坎宁安（2006)、希格斯等人（2008)。请注意这些研究中有关“创造性”就业和产业的定义可能不一定与其他研究的用法一致。

2008）及其同事所采用的广义上的创意产业的定义可以缩小为对某一特定文化的关注。例如同心圆模式，而创造性职业指的是文化领域里那些特定的具有创造性的职业活动：

- 初始创造性投入，例如写作、作曲、视觉艺术、电影或视频制作、雕塑、工艺等；
- 创造性诠释，例如不同媒体中的舞蹈、戏剧、音乐等表演艺术；
- 为支持艺术和文化的生产提供创造性服务的行业，例如图书编辑、灯光设计、音乐制作等。

实证研究表明，不管采用哪种方式，在创意产业或文化产业之外进行创造性劳动的工作者的数量非常可观，这意味着在经济体中文化领域和非文化领域的劳动力市场之间有着非常重要的结构性关系。

知识传递

近年来出现的信息经济和知识经济等概念让人们开始关注在经济发展过程中知识是如何产生、传递和积累的。尤其是新知识的产生和新构想通过创新得到应用，被认为对经济成功具有重要影响。[①] 在这一情况下，创意产业，尤其是那些紧紧围绕着数字化技术的产业，是以创新为中心的信息服务的重要来源。在分析文化产业与其他经济部门的互动关系时，有必要把知识在文化产业和其他产业之间互相传递这一情况考虑进去。知识的传递可能有多种方式，可能是技术讨论、信息交流，或合资办企业等。在很多情况下，知识都“体现”在交流的商品和服务中。知识传递的更深层机制发生在上述

① 有关革新在当代经济中的角色的论述，见鲍莫尔（2002）；关于创造性技能在视频游戏中的转换的案例研究，见出和青山（2006）。

创造性工作者在企业之间的流动上。在所有情况下，信息通过文化产品和服务供应链的前后联系进行双向流动。这样，艺术和创造性投入对经济体中其他部门的创新产生重要影响，而反向联系则可能在文化产业中激发出新形式的创新。哈桑·巴克什（Hasan Bakhshi）与其同事(2008)运用投入—产出模式对英国经济进行研究，得出的实证结果证明了供应链的角色在促成知识在创意产业及其他产业的企业之间传递的重要性。

溢出（spill-overs）

如果创造性企业产生的新构想和新程序对其他企业是免费的，所涉及的知识传递从技术上来讲就是一种正向外溢（positive externality）或溢出；用经济术语来讲，就是利益从一个经济媒质到另一个经济媒质的无意和无偿地流动。文化产业里的另一个重要溢出效应是当不同企业在地理位置上很靠近因而彼此享受生产产品的好处时的互惠溢出。这种溢出被称为“网络外溢”(network externalities) 或“凝聚外溢”(agglomeration externalities)，好莱坞作为电影生产中心和米兰作为时装生产中心就是例子，它们都能享受到生产同类产品的溢出效应，即互惠溢出。我们将在第 7 章进一步讨论创造性网络在城市设计中的角色。

行业能动力（industry dynamics）：经济和文化发展

到目前为止，本书关于文化产业的讨论大部分都是直接或间接地针对这些产业在经济发展中的角色。对一本有关文化政策的书来说，这并不奇怪，因为这些产业的发展潜力是各国政府关注的重点。大量统计数据表明，近年来创意产业的产出与就业比其他产业的发展都迅猛。引人入胜的创意经济使得政策决策者们认识到：在越来越多的传统产业（如农业或制造业）日益衰落的情况下，文化产业将是经济发展能动力的一个源泉。

如何阐述文化产业和经济发展过程之间的联系？从根本上讲，文化产业的发展表现为对新文化产品日益增长的需求和技术飞速发展所带来的供给的增加，其结果是许多文化产品和服务的产出得以迅猛增长。另外，文化产业的扩张在就业方面的影响更为显著，因为文化产业的劳动力密集度总的来说较其他行业要高。

然而文化产业与经济能动力的关系远比上述观察来得复杂。前面谈到的经济体中知识创新和传递都表明文化领域承担着一个更为深远的角色，也即文化产业将新思想引入经济体并向其他产业扩散，并引发革新。就像19世纪80、90年代将人力资本作为引发技术变革的引擎，并引入经济发展模式的内源性发展理论一样，我们也可以将为经济发展提供思想和技能的创造性活动的角色内生化（endogenous）。描述这种相互关系的方法之一是网络化，将第2章中谈到的静态、线性的价值链代之以所谓的“增值生态圈”（value-creative ecology）。这一理论认为，创意产业是涉及供求者之间多层互动关系的网络中的一部分。类似地，创意产业也可以看作是一个培育和协调新思想的生产及消费的复杂网络。[①] 这些是诠释创意产业的方法补充，而不是替代，同时也是传统的产业分类和分析的经济方法；它们为理解创意产业在经济结构变化中所起的作用提供了一个不同的视角。

大多数有关文化产业发展的讨论都有一个很明显的偏颇之处——总是用经济术语来衡量，这表明有关创意产业的研究总是侧重于经济方面。然而，

① 见波茨等人（2008）。

文化发展呢？如果文化政策不仅关注经济也关注文化的话，那么它在文化产业里的应用及对其发展的贡献就应该独立于经济重心之外，还应该将艺术和文化的发展也考虑进来。当然，这样做有一定难度的：产业发展的经济指标比较容易定义和衡量，而文化增长的定义就不那么清晰和容易了。对此，有三种可能的办法：

- 文化发展可以简单地理解为人均文化产品和服务的生产和消费的增加。例如，电影的拍摄数量、艺术品的销售数量、音乐的网络下载数量或者剧院的观众人数等，有关数据上升的趋势都可以看作是文化产出和文化消费提高的指标。

- 资本积累是经济发展中的一个推动力，也是经济发展的一个指标。相应地，文化发展可以被定义为文化资产，即文化资本的积累。我们将在下一章详细讨论。

- 文化产业的经济发展可以用这些产业所产生的经济价值的增加来衡量。与之类似地，我们也可以说这些产业所创造的文化价值的增长是文化发展的另一个标志。在这种情况下，一种艺术形式的创新可以视为一种文化发展，但这并不否认通过乔托（Giotto）、莫扎特（Mozart）和詹姆斯·乔伊斯（James Joyce）等人的创作所显示的艺术新方向可以用这些术语来描述。当然，艺术的发展也并不意味摒弃旧的艺术，它仅仅是为无形的文化资本增加了一些新的层面。今天，新技术的发展将艺术和文化的生产及消费的边界推至更远的领域，并拓展了文化价值创造这一概念。如果有关的指标可以叠加的话，那么文化发展的这一重要方面就可以得到确定。

文化产业的政策策略

现在我们要在上述讨论的基础上对文化政策的影响进行总结，这种影响源于公共领域对文化产业的关注。为了与本章的风格保持一致，我们将分经济和文化两部分来进行讨论。

经济方面

对各级政府来说，有很多措施可以用来刺激文化产业、加强文化产业与其他经济领域的联系以及促进经济的持续发展。这些措施包括扶持小企业的发展、立法、创新政策、市场发展以及教育和培训，具体如下：

（1）扶持小企业的发展

正如前面章节谈到的，传统文化产业的主要组织形式是中小企业，这也是很多经济部门的政策目标。有关创意产业发展的政策策略包括：

- 扶持小企业的创立、提供商业孵化器等服务以帮助小企业站稳脚跟；
- 提供融资服务，包括微型融资等，因为很多小企业很难找到启动资金和运营资金；
- 提供创意企业战略决策、财务规划、市场营销等方面的信息咨询、举办研讨会等服务，以免它们缺乏应有的商业技能；
- 在商业运作的整合和数字化方面提供协助，因为很多小企业难以接触和运用新的信息技术和通信技术。

(2) 法律和法规

正如第 3 章所提到的，为产业运作提供相应的法律和法规是政府的核心责任。对文化产业来说，这一责任包括：

- 合同法，尤其是与文化产业的有效运作相关的法律，例如电影的拍摄过程涉及很多层面和阶段，不同当事人的权利和责任都需要有明确的界定和保护；
- 版权法，包括有效的数字化权利的管理，我们将在第 13 章进一步讨论；
- 有关反垄断的立法以及针对文化产业（例如音乐的制作和分销等）的跨国企业为控制市场而进行竞争的规定（全球性的大企业有可能盘踞新市场而将小企业挤出这个行业）。

(3) 革新政策

政府政策针对一系列行业，包括创造性行业的革新。这些政策有：

- 资助研发项目；
- 在商业投资方面的公共/私人合作，尤其是针对那些具有很大发展潜力的创新项目；
- 支持知识传递，例如鼓励企业与企业的沟通以及为新知识从大学、学院和研究所等向商业化应用的转换建立渠道；
- 通过投资激励、拨款及其他机制鼓励创新型企业群的发展，以刺激群中企业的革新及提高创意向其他产业的流动。

(4) 市场开发

在一个混合经济体中政府有很多方法推动创造性产品的市场开发，包括：

- 提供信息和市场情报服务；

- 鼓励建立产业咨询机构；
- 在诸如文化旅游等领域建立特定的细分市场，包括出口市场，以及通过举办世博会、交易会及其他类似的促销活动提高对创造性产品的需求。

(5) 教育和培训

文化产业发展的长远基础是建立在艺术家及其他创造性工作者的才能和技巧基础上的，正如我们在前面看到的，这些工作者对其他产业来说也很重要。我们将在第 11 章具体讨论有关艺术和文化的教育。

文化方面

对文化产业政策的文化层面的考量又将我们带回同心圆模式。如果创造性艺术是文化产业的核心，那么艺术政策（如前面章节所述）就是文化产业政策不可或缺的组成部分。另外，那些处于核心之外的文化行业——模式中“更广的”和“有关的”类别——也会产生出具有不同文化内容的产品和服务，因此强调创意产业政策的文化内涵就绝不能仅限于艺术。如第 3 章所述，受经济考量的驱动媒体政策也具有很高的文化衍生性。

最终的挑战在于如何通过文化产业的运作，在经济价值和文化价值的创造之间寻找到恰当的政策平衡。然而，在将注意力转向这些产业的文化层面时，在强调创造性艺术在文化价值生产中的角色时，在一个更宽泛的行业背景下来审视艺术是很重要的。艺术政策是文化产业政策的一个重要组成部分，不仅因为艺术本身的文化意义，还因为一个蓬勃、活跃、创新的创造性核心产业对保持整个文化产业的经济和文化健康发展是至关重要的。

结语

当代经济的一个特点是全球化，这带给文化产业一些特别的挑战。新的通信技术、数字汇流以及文化产品在全球市场的发展，已将文化产业从以前的在经济体系中占据微不足道地位的小角色，转变为受创造性、革新和知识获取所驱动的新经济中的核心元素。然而，在我们欢天喜地拥抱创意经济所可能具有的创造财富的潜能时，可能存在某种风险即公共政策可能会轻视文化产业中文化的重要性。在本章，我们讨论了文化产业为整个经济做出贡献的多种方式，同时也指出在产品和服务中文化内容本身所具有的重要意义。如果协调得当，文化政策的任务是在这些产业的平衡和互补、促进经济和文化共同发展中充当重要角色。

尽管在全球各地，政策的经济性倾向对文化产业有着不可忽视的影响，但经济议程并不总是将更广意义上的文化关注排除在外。例如，尽管其政策提案没有完全得到执行，澳大利亚政府于 1994 年制定的文化政策框架——《创造性的民族》，仍不失为一个试图平衡艺术、文化和经济目标的典范。苏珊·加洛韦（Susan Galloway）指出，在苏格兰，有关文化的而不是经济的考虑，是公共政策在创意产业中的一些关键领域里得以推行的驱动力。例如，在有关媒体公司的所有权和控制权的争论中，人们强调的是新闻界和文学艺术在保持苏格兰的民族性和身份方面的角色，而不是纯粹的商业考虑。[①]

---

① 详见加洛韦（2008）。

第 6 章
文化遗产

他们砍下了所有的树，
把它们放在博物馆里，
然后向每人收一块半来看这些树。
事情通常都是这样：
失去了才知道曾经拥有过。

琼尼·米歇尔：《大黄出租车》，1970

引言

按照字典里的定义，遗产是指从过去继承下来的东西。附加的形容词“文化”使其定义更加明确，“文化遗产”涉及的东西具有文化意义。而“文化”一词具有广泛的人类学意义和更加具体的艺术解释，可以确定的文化遗产有三大类：

(1) 建筑或不可移动的遗产，例如建筑、古迹及一些遗迹，其中包括历史名城中的建筑群和遗迹；

(2) 可移动的遗产，例如艺术品、档案或其他具有文化意义的物体；

(3) 非物质文化遗产，从过去继承下来的现存的音乐或文学作品、习俗、语言、仪式、技能以及社区和团体认可的文化上重要的传统知识。

虽然“遗产”一词通常引发人们对遥远过去的想象，但一些文物遗产可能是最近的项目，例如于 1973 年建成的悉尼歌剧院，就被确定为具有世界遗产意义的建筑。

使用简单的经济学概念，如稀缺和机会成本等可以分析有关文化遗产的问题：什么可以、什么不可以保持？翻新或修复多少是值得的？哪些偏好对决定是否保护起指导作用？尽管对这些问题的回答与经济学概念明显相关，但是大约一个世纪之前经济学家进入文物领域的初始努力却令文物界的专业人士反感，他们担心在这一过程中文化的决定力量会不可避免地转变成经济因素。这些专家倾向于在任何情况下都不考虑经济因素，[①] 而纯粹根据文化

① 详见卡农一布鲁克斯（1996）。

的理由做出决定。然而两件事情的发生改变了这种状况。首先，20世纪八九十年代以来全世界对文物管理人员的缩减预算和紧缩财政政策，这意味着他们不能承受“钱不是问题”的豪华假设。其次，不久之后，保守人士认识到并非所有的经济学家都是平庸之辈，他们将图表分析方法引入遗产行业，以实现对遗产项目更好的保护。①

本章将首先回顾文化资产和文化价值的一些基本概念，并从经济学角度理解文化遗产的各种形式。然后我们将从总体上，并通过上述三种类型的遗产来具体讨论遗产管理方面的政策问题。

遗产作为资产

文化遗产项目可以被认为是带有经济资本特征的资产，并可以将经济数学引入其中。在生产和创新过程中它们需要资源投入；它们具有价值贮存和长久持续的资本服务功能，而且为了维护这些项目还需要提取折旧。遗产项目作为资本类别的一个成员，因有别于其他形式的资本，而被称为文化资本。② 这种区别在于文化资本的价值体现在其资产之中并通过产生的商品和服务而获得。例如，历史建筑一定具有作为物质资产的普通建筑的特点，除此之外，它还拥有普通建筑所没有的历史性和其他属性。使用前面章节引入的术语，我们能将这些属性描述为建筑的文化价值，而相同类型的文化价值

① 有关文化遗产经济价值的讨论，见胡特尔和日兹宗（1997）、舒斯特等（1997）、佩义库克（1998）、日兹宗和童未瑟（2002）、贝纳姆（2003）、日兹宗和素罗斯贝（2006）。文献中的注解指南见梅森（2005）；有关法律方面的综合回顾见霍夫曼（2006）。

② 见索罗斯比（1999）、尤里巴日（2000）、舒欧克乐（2004）、陈（2006）。

可以归功于它提供的流动性服务。

将遗产视为文化资产对经济学家和政策分析师有一定吸引力。将文物当作资产使得其像投资、折旧、回报率等一样可以用来评估和管理，就像下面章节将会看到的，一些用来评估公共和私人支出的投资评估技术（如成本一收益分析）可以用在文物保护方面。而且，文物作为文化资产可以与完整的自然资本理论联系起来，这些理论是生态经济学的核心内容。[①] 自然资本的基本元素由可更新的和不可更新的资源组成，支持和维护土地、空气、水以及庞大的遗传基因库的生态系统被看成具有生物多样性。所有这些自然现象的经济因素已被广泛地分析，其政策影响也被深入讨论，这些讨论表明上述概念与文化资本平行，并对文化政策的制定有潜在的影响。[②]

价值

文化资本像其他资本一样，以资本的存量和资本服务的流量两种形式存在。资本的价值可以根据给定的时间点上的资产价值或其服务的流量价值来评估。文化资本的具体特点体现或产生两种类型的价值——经济价值和文化价值，这是本书的一个主题。将其运用到文化遗产的具体案例时，我们将考虑这两种价值的性质。

遗产的经济价值

在新古典经济学领域内，个人被认为是追求效用最大化的理性人，价值

---

① 详见克欧坦扎（1992)、简森等（1994)、爱德华一简欧斯等（2000)、体斯德乐（2003)。

② 在自然遗产与文化遗产的维护实践上存在许多联系；见哈默纳（2007)。

在功能完整的市场交换过程中体现出来，它是个人消费者对商品愿意支付的价值。当考虑模型中遗产的经济价值时，我们会以个人认可的各种价值以及这种或其他支付方式来评估经济价值。遗产价值按照这种条款分类是众所周知的，而且已经明确载列在上述遗产经济学文献之中。这种分类与个人对文物的体验途径是一致的，即通过直接消费或“使用”，并通过“非使用”的间接措施，或将遗产作为有益的外溢因素（beneficial externality)。

(1) 使用价值

使用价值是指个人、消费者或公司通过直接消费遗产服务而产生的价值。人们也许以不同的形式实现遗产的使用价值：通过对遗产资产的拥有，或通过在文物建筑内居住或工作而享受这种资产。这种价值在市场交换过程中得到反映并且能够观察到，例如，文物建筑作为住宅或商业楼宇实际的或估计的租金就反映了其使用价值。文物的直接使用价值还在旅游者参观文物时得以体现，在这种情况下其相关价值可以通过门票，或者通过使用旅行成本分析法估计消费者盈余来衡量（如果有适当的数据)。

在直接评估使用价值，尤其是文物（如历史建筑）作为商业用途的特殊属性时，应该注意文物价值本身其实是一种边际价值（marginal value)：该建筑很可能作为商业用途而没有考虑到其作为文物带来的其他附加租金价值。如果人们喜欢居住或工作在著名的文物建筑内，那么这种建筑的租金价值也许会高些；如果因为是过时的设计或设施而不方便居住，那么租金也许会便宜些。总体而言，市场似乎认为这类直接使用价值是正面的。至今为止的研究表明，著名文物对房屋价值的影响是积极的外差溢价（positive premium),① 这并不奇怪，因为一般而言，文物资产的购买或租赁价值是

① 详见希普利（2000)、雷臣库等（2001)、德欧哈若（2007)。

由看重文物价值的人进行投标而决定的。

(2) 非使用价值

个人评估的第二个方面是非使用或被动使用价值 (passive-use value), 它通过个人的体验而非市场过程得以反映, 因为它来源于文化遗产的非竞争性 (non-rival) 和非排他性 (non-excludable) 的公共品属性。过去 20 多年来, 环境和生态经济学有关自然环境的非市场收益的研究已经明确了三大类与文物有关的被动使用价值。在第 2 章, 我们曾提及作为与文化商品和服务相关的公共品元素, 作为文化遗产方面的原因我们可以更明确指出的三大类价值是:

> • *存在价值: 尽管个人本身对特定的文物项目没有直接的感受, 但是他们可能会对文化遗产进行简单估价;*
>
> • *选择价值: 个人可能希望保护文物项目, 以便他们或其他人可以在将来以某种形式参观或消费这些服务;*
>
> • *遗产价值: 个人也许希望将文物资产传给后代。*
>
> *所有这些价值的来源导致遗产保护的非市场需求, 并表达为个人的支付意愿。*

评估文物的非市场需求方法可以分成现实倾向性 (revealed preference) 和表明倾向性 (stated preference) 两大类。前者包括使用快感估计价值 (hedonic-price) 和旅行成本方法 (travel-cost), 但是用来估计文物的公共品需求的方法只局限在概念和方法论的层面上。[①] 一些表明倾向性的方法,

---

① 快乐价格技术 (hedonic-price technique) 的应用需要市场数据, 但这些数据在文化遗产领域并不多见。快乐价格的最成功应用是在城市住房质量的评估方面, 因为房地产的销售价格容易获得。旅行成本技术 (travel-cost technique) 可以用来估计消费者剩余 (consumer surplus), 但很难将成本归于某一个特定的遗产项目或景点, 而且在很多情况下是使用价值而非非使用价值。

如随机估价法（contingent valuation methodology）或离散选择模型（discrete choice modeling）已被广泛使用。在给定假设条件下，我们使用这些方法时经常对相关人群进行有关支付能力和付款方式等方面的个人调查。尽管对随机估计法的有效性存在怀疑，但是自20世纪90年代初期以来随着随机估计法被成功使用的数量不断增加，尤其是在一些公正的专家对此方法给予了比较谨慎的赞同后，其作为评估公共品的非市场效益价值的方法被不断使用。①

随机估计法和离散选择模型在评估环境项目和设施中的广泛使用，表明倾向性的方法不断应用于文化遗产领域并被进行理论和实证技术上的改进。② 然而，这些方法在文物政策方面的实际抉择和使用仍然有限，因为随机估计法或其他表明倾向性的研究需要时间、资源和专家，而这些可能不容易直接提供给政策制定者。③ 克服这些限制的一个措施是使用在环境领域已经应用的效益转移法（benefit-transfer methods），这些特定项目的非市场因素可以通过其他地方的类似的项目估计作为参考而推断出来。④

(3) 有益的外溢因素（beneficial externalities）

除了上述两个因素以外还存在个人感受文化遗产的第三种价值，尽管它包含了使用和非使用价值的特性。它来源于以下事实：文物遗产可以产生正面外溢效应（positive spillovers），例如，如果路人通过其美学和历史性的

---

① 详见由肯那斯·阿罗和罗伯特·素罗主持，由美国国家海洋和太空署任命的委员会的报告（阿罗等，1993）。

② 这些方法在文化遗产中的应用之综述，见费若义和欧贝宏兹尔一格尔（1998）、克拉摩尔和兹德宏费（1999）、纳未鲁德和若义德（2002）、农南（2003）。

③ 有关文物的非市场需求、相关政策数据以及一个选择性模型的研究案例是澳大利亚的简尔麦及其同事整理的（见阿隆咨询集团，2005）。

④ 详见普容文等（2008）。

观察而获得一种愉悦，那么文物建筑就产生了正面外溢效应；再如，人们行走在罗马和巴黎大街上可以享受到他们身临其中的历史建筑、古迹和广场所带来的视觉盛宴。理论上，这些收益的经济价值可以估计到，但是它们是暂时性的，在这种情况下，很难构建一个假设的基础以使用随机估价方法。然而，事实上对于个人来说，正面外溢效应可能是一个可识别的且具有重大价值的文物遗产。

文物的文化价值

我们已经将文化价值确定为一种区别于其他资本形式的文化资本的特点。在第 2 章我们曾经指出，与文物的经济价值相比文物的文化价值没有一个可以整合多层面特点的会计单位，对其进行评估的一个明智做法似乎是将其分解成不同的组成部分。

考虑一个项目，如一栋建筑物、一组建筑群、一件人工制品、一件美术品、一种传统的有形或无形的文化遗产。根据思罗斯比（2001：84－85）遗产案例，文化价值的要素可以详列如下：

- 审美价值。审美价值的存在是因为它呈现出被个人与集体认可的美丽（beauty）和幽默（harmony）的品质，不管用什么标准来定义审美的意义。这种例子几乎随处可见，因为大部分遗产项目都有其审美价值。

- 精神价值。精神价值的产生是因为一个项目可能给人们提供无限的或特定的信念，或与信仰相关的感觉，或者它可以转化成宗教意义的信息。其中的例子包括神殿、教会、教堂、清真寺等，以及描述宗教主题或者在某种非宗教意义上有助于定义人类存在特点的艺术品。

- 社会价值。社会价值来源于作为共同价值和信仰的文化定义。

文物项目告知人们社会的特性并对社区的稳定或和谐有所贡献，而且转化成社会价值。例如，新西兰的毛利人和整个太平洋岛的其他族群用于传统聚会的建筑。

• 历史价值。历史价值是所有文物项目的核心，而且是一个最容易被识别的文化价值的要素。它是连接过去和发掘现在的源泉，并有助于历史价值的身份界定。其中的例子包括遗产保护区，遗产保护区的历史价值的重要性对不同的项目有很大不同。①

• 形象价值。形象价值涉及文化产品和服务，并且具有作为文化含义转化工具的一般特性。当涉及一个遗产项目时，形象价值是指遗产项目能帮助个人或社区接受和解释各种文化的信息，尤其是那些与文化符号相关的信息。弗吉尼亚州阿灵顿纪念碑描述的硫黄岛升旗仪式即为一例，它传达了一个关于美国军事英雄的象征性信息。

• 真实性价值。真实性价值来源于特定项目的真实性、非虚假性。随之而来的是完整性特点，这意味着该项目没有被改变、篡改或污损。例如，凡·高的真迹是被其他艺术家认证的画作的原始状态，由于其真实性，人们给予此画的文化价值可能大大高于精确再现或复制的价值。②

• 地点价值。当文化遗产涉及遗产项目的物理或地理位置时，地点价值随即而生。其中包括从与现有项目相关联的项目扩散到其他接近的历史名城地区而产生的集聚性价值。地点价值也可归因于各种文化景观价值，以及曾经发生过重要文化事件的地点。这可以举出很多的例子，从威尼斯这一具有独特价值的城市的特定楼宇，到英国的一些因著

---

① 还应该提及的是，一个不起眼的古董可以开发出具有遗产性质的项目，例如，埋藏于地下由考古挖掘的陶瓷碎片具有作为人类早期材料的历史价值。

② 真实性有助于提升这个美术作品的经济价值，其讨论见麦凯恩（2006：154）。

名的历史战争而产生价值的区域。

第 2 章中讨论的评估文化价值的方法对评估遗产的文化价值可能是一个可行的办法。假定我们对所有项目的文化价值的各个方面的判断是一致的，那么这些方法对项目的比较或对比尤其适用。例如，纳撒尼尔·黎琪菲尔德（Nathaniel Lichfield）在评估文物建筑的文化价值时使用评估分数和核对表；而比特·尼基卡门（Peter Nijkamp）根据反映社会经济、地理环境和文化的建筑标准，提出一个假设性说明以便描述一系列历史城区的文化价值。①

遗产管理的政策问题

一般而言，有关文化遗产的公共政策的主要任务可以归纳为以下方面：文化资产可以由公共或私人所拥有，但其共同的特点是能够产生重大的社会公共福利。政策的任务是管理公共文化资产以及对私人遗产管理的监督，并以这种方式来满足公共利益的需要。将遗产认定为具有长期资本属性的文化资产，这意味着可持续发展的思想及可持续发展是恰当的遗产管理政策框架。另外，还可利用遗产与自然资本的关联，因为它（遗产）与自然资源的关联是可持续发展构想的源头。

可持续发展的标准定义来自于布伦特兰报告（Brundtland Report）。②该报告将自然资源的管理定义为：对一代人提供需求而不影响子孙后代需求的一种方式。该定义的关键是平等对待不同时代的人，即多代人之间的平等

① 见黎琪菲尔德（1998，第 10 章）、纳及卡门（1995）。

② 由格罗·哈莱姆·布伦特兰主持的联合国世界环境和发展委员会报告（1987：43）。

原则。将这一概念应用于文化可持续性时，可以认定为与文化资产的管理相关，因为文化资产（包括有形和无形资产）体现了我们从祖先那里继承而来并将交给子孙后代的文化。

除了多代人的特点以外，生态可持续的概念还隐含着其他几个原则，其中包括注意同代人之间的公平，生物多样性的保护，以及遵守预防性原则(面对可能导致不可逆转的变化的决策时，应该考虑一种极端的无风险偏好的案例)。根据文化资产相关的可持续发展的原则可以提出类似的建议。例如，与文物有关的同代人之间的平等意味着不同社会阶层、收入、地理位置的人群都可以公平地享受文物遗产。同样，通过遗产保护来维持文化多样性的原则来源于各种思想、信仰、传统和其他艺术以及文化表现的多样性，其文化服务流程可能有别于单个元素所提供的服务。与自然领域一样，遗产领域也存在可预防性原则，例如，当自然世界受到物种损失的威胁时适用于这一原则，同样的，当历史建筑处在拆卸的危险中或土著语言面临灭绝之时也要用到这一原则。

在实际中，决策者面临的问题更加直接：当被用于保护、恢复、活化再使用（adaptive reuse）等的资金有限时，如何在不同的遗产项目中做出选择？这种选择可以描述为对不同项目的成本和收益进行评估和比较（即成本一收益分析方法的应用)。遗产项目存在资产价值，但这需要通过实际资源的投入来对其进行维持，这样就会产生未来的收益与成本，因此任何有关评估资产投资决定的成本—收益方法都可用于评估遗产项目。例如，一个涉及历史遗迹或古画的恢复项目可以通过确定其全部的市场和非市场收益及成本，并对其进行经济评估，然后通过使用成本—收益分析法评估该项目的投资价值并与其他可能的机会成本进行比较。

正如其他领域一样，遗产投资评估的应用也必须区别成本一收益分析与社会成本一收益分析。在一些遗产项目的案例中（例如对一家私人拥有的物业进行维护和活化再利用），从私人角度进行成本一收益分析将使用个人的实际资金流量和机会成本，也可以使用资本的机会成本作为折旧率。但是，一个项目的社会成本一收益分析将作如下调整：

- 考虑有关税务和转账因素；
- 使用影子价格而非市场价格；
- 使用低折旧率以反映社会时间偏好率；
- 包含所有的非市场因素（公共产品和外在因素）。

一旦完成这些调整就可以通过比较判断是以私人的还是社会的回报率作为决策的基础。当然，必须记住：不论从哪个层面来看，使用成本一收益分析法并不是做出决定，而是将重要的信息置于表格中作为制定决策的基础。就公共政策而言，它必须是社会价值评价，而且必须指导政策的形成和执行，因为它对政府部门及各级公共利益的监护人有明确的义务。与此同时，个人和公司的合法财产权必须受到尊重，而且我们将在下面进一步看到，这往往是地方文物当局与私人业主之间冲突的根源。

至此，我们已经讨论了成本一收益分析法在遗产项目的经济评估中的应用。但还有更进一步的层面：文化资产产生经济价值和文化价值，对后者的评估是必要的。原则上说，没有理由可以说明一种形式的成本—收益分析法不适合评估一个遗产项目在特定时间内所产生的文化价值。的确，这个高于经济回报的期望现金流量可能有生成这个项目的前景。而且，文化收益可以累加给个人（如竞争性、排他性的好处）和社会（如非竞争性、非排他性的好处），这意味着私人和公共部分的区分只与评估文化价值的经济影响有关。此外，有理由认为对该项目的利益相关者来说，在未来某个时间内文化收益的价值将小于其现在的价值。当然，在测量上有一定的难度。但是，上述的文化价值评估的分类方法至少提供了争取努力取得进展的承诺。

遗产政策的一个重大困境是确定受益人，因为原则上说遗产受益者应该是其支付者。这一问题有部门和地点两方面的因素。首先，一种区别可能在于个人消费者感受到的私人物品带来的收益（例如一个遗产物业的业主或者参观遗址的旅游者）与整个社区感受到的公共物品产生的收益之间的区别。正如我们曾经指出的，后者为公众的支持提供了一个初步的案例，给定遗产项目的私人受益比例越大，由公共部门负担的财政份额将越大。

关于地点因素，这一问题是如何广泛地享用分散的遗产项目的非市场收益——他们只限于当地社区还是整个国家人口，或者将他们延伸到其他国家或整个世界的公民？在有些情况下，受益人的分布正好与一个便利的税基相一致，因此受益人可能赞助有公共利益的文物开支。例如，用地方政府款支付当地重大遗产项目，或者使用税收支持国家重要的遗产项目的保护。但是，如果受益者延伸到其他国家（例如“超级明星”的标志性文物），几乎很难找到一个公平的筹资安排，因为不存在可行的收取利益的手段。自愿筹资，由国际文化组织采取行动也许会对这些案例有所帮助，但毫无疑问的是一个很大的负担仍然由国内纳税人来承担。①

公共政策和建筑遗产

我们现在转而讨论本章简介部分描述的三种文化遗产（即文物建筑、遗

① 对具有标志性文物捐赠的国家来说，这是一个特别的问题。例如，在世界遗产清单中意大利拥有最多数量的文化遗产项目（在2009年有40多处），世界各地的人们享受着其非市场收益，但是维护这些资产的成本主要依赖于意大利的纳税者，详见詹等（2007）。

址、地点等）及其相关的政策问题。公共机构或拥有文物产权的个人和公司也许会根据其控制形式来考虑其投资项目：

- 保存：保证资产的继续存在；
- 维护：根据可接受的专业标准在适当的条件下维护好资产；
- 翻新或修复：使已经恶化的资产重返其原始状态；
- 活化再利用：当遗产的功能或使用改变时，采用上述之一或全部项目。

如果在某些情况下对遗产的原始状况的保存和使用无法实现或不适合，那么上述最后一种情况（活化再利用）将出现。例如，一些工业建筑（如城市货栈）已经不能再用作其原始目的，但由于该建筑的历史重要性使之成为重要的维护项目。在此情况下，很可能涉及运用翻新或修复来改变其原始目的，以便该建筑仍然可以被使用并维持其遗产意义。一种典型的重建是将该建筑改为办公、住房、博物馆或剧院。文物的活化再利用一般有严格的限制，例如，将遗产地址或景点转化为以消费者为导向的综合娱乐项目——如迪士尼乐园——以追求更大的经济利润，这一类策略意味着对文物的文化内涵的忽视或麻木不仁，而只关心经济回报。为了阻止所谓的“迪士尼化”控制，以旅游为目的历史景点被重新开发可能是必要的。

与建筑遗产最相关的政策措施是规章制度，即设立一些规定以决定哪些遗产项目在使用时有充足的理由确保公众对它的控制，以及厘定一些标准使得文物建筑和景点能够翻新、恢复、更改或重新使用。对文物建筑来说有硬的和软的规章之分。① 硬规定包含一些可执行的指令，以及通过立法形式对违规行为进行处罚。这些规定包括一些维护条例：对设施、功能或建筑使用

① 有关这些区别及文物政策的使用规则的详细谈论，见索罗斯比（1997a，1997b）。

的限制，土地使用的区分，对开发应用程序的要求等。软规定并非强制性的，而是一些非指令性的呼吁或鼓励行为，它们通过一些协议而非处罚来执行，包括条约、公约、宪章、指引、准则及其他文书，以及一些促使人们自觉遵守规定的措施。

大多数情况下，经济学人将规章视为政策措施，城市遗产保护也是如此。经济学家认为，保护导致非效率性，管理和法规性成本（compliance costs）很昂贵，而且没有改进的积极性，同时可能被私人业主（如通过对计划控制的操作）和特殊利益集团所利用。但是，当存在全部或毫无选择时，当公共利益存在高风险时，当需要明确的结果，以及短期的灵活性是一个优势时，该领域内的规定就会显示出很多优点，包括其适应性（例如保存或拆卸）。所有这些政策要求通过规定而非市场机制所采取的替代方案来实现。

全世界的公共机构用于规定建筑遗产的主要机制是建立清单列表，即在给定的管辖权内——国际的、全国的、区域的、地方的——建立一个财产清单。一般来说，规定的准则根据特定的文化特征来确定，从而使得满足这些准则的财产有资格包含在特定的清单中。在很多情况下存在多种清单以确定不同等级的建筑遗产，通常根据从地方到全国或国际不同的受益人确定不同等级。在大多数管辖权内，私人拥有的建筑物或建筑群是强制包含在正式公开认可的文物清单中的，业主除了遵守清单所设的要求别无选择。在有些情况下加入到正式的文物清单中是自愿的，此种情况下，具有需求性和综合性的清单给业主带来的义务取决于私人业主的意愿。除了由公共部门列出的维护清单外，还存在由利益集团、非官方组织（如国家基金、地方历史协会等）列举的“非官方的”维护清单。

不同的国家和国家内部的公共监管机构对拥有和管理文物资产设定的义

务有所不同，其中包括：

- 对在何种程度上可以改变文物进行限制；
- 维持资产在良好状况下的要求；
- 禁止拆卸；
- 用于重修或重建的材料的特定标准；
- 出售的附加条件；等等。

这一类规定通常具有法律约束力，不遵守规则的行为将会招致惩罚。在有些情况下，一些公共基金对私人业主的文物资产的维护和重修提供帮助，监管机构将列出资金赞助条件和所涉金额。

尽管许多国家将强制性清单作为执行公共遗产（包括建筑环境）政策的措施，但对于处理私人拥有的文物财产，有时候会听到要求采取更多市场化政策的呼吁。[①] 例如，有人会问："业主和公共机构之间就强制性清单内容为什么不采取自愿协商的方式？"他们认为，协商过程可以为确定业主能够支付的经济赞助的最佳数量提供一个基础。在此情况下，受影响的各方之间的协商的可行性将依赖于著名的科斯定理，[②] 它需要三个必要条件：

- 能够确定利益方并赋予其产权；
- 交易成本可以忽略不计或者为零；
- 合同可以被执行。

可以确定的是，这些条件都不可能适用于自愿的遗产清单计划。一系列的协商是必要的，但是明确公共利益的经济价值却非常困难。此外，对各方来说，这一过程将会付出高昂的代价，而且合同的监督和执行可能是没有效

---

① 详见澳大利亚生产力委员会文物建筑调查的报告草案，调查的最终报告见澳大利亚生产力委员会（2006）。

② 详见科斯（1960）。

率的。

然而，在某些情况下遗产清单也许会强加给私人业主大量的附加成本，因此，此种情况应该认真对待。对有些业主来说，监管机构使其增加的成本可能是因需要恢复和修理而导致的实际任务产生的费用，相对遗产赋予个人的收益来说其负担是非常重的。在此情况下——维护的实际受益者是公众而非私人——如果存在很大程度的公共利益，那么提供公共赞助将是恰当的。困难的是对所涉及的公共利益的评估。即使有来自公共部门的慷慨捐资，但是并非所有的古老建筑都可以被保护。在许多国家，评估私人业主遗产的公共价值缺乏公共标准，而且一般来说，也没有足够的资料能完整核算其所能带来的非市场收益。

对于不可挽回的行为（如拆卸），只能从极端厌恶风险的观点来考虑，因此必须制定更强有力的预防性原则。这样，政策建议将指出各级政府在执行监管过程中的经济价值和文化价值。

在处理私人业主因遗产清单而处于不利地位并由此而引起的索赔时，政府应该重视遗产条例的主要目的，即保护文物建筑在各级层次产生的公共利益。尤其重要的是，一些业主的短期财政吃紧状况不应该替代长期的公共利益。在遗产保护方面，私人利益和公共利益之间取得适当平衡的关键在于两个方向：目标制定与遗产评估的一致性和全面性，以及当需要证明取得平衡存在必要性时能提供足够的资源补偿。

公共政策与可移动性遗产（movable heritage）

可移动性遗产不同于其他两类遗产，因为它一般规模较小、可以移动、可以随时出售，而且这种遗产的收益更易于被私人占有。评价一个项目可能拥有的公共属性时，这点很容易被排除在外。很多可移动遗产是私人的，且不可用于公众享用。虽然重大遗产项目（如旧的画作）的私人业主往往是可识别的，但是如果他们将其拿出来出售或租给画廊用作展览时，其拥有的作品仅是接受公众的监督。可移动遗产项目（如画作及其他精品）能够在私人市场上交易，这种市场具有服务于个人、经销商和收集者的功能，而且公众通过正常的市场规则（如那些用于保护消费者或防止反竞争的做法）关注它。① 在有些情况下公众涉及艺术市场是必要的，例如，对具体的市场规则的运用（零售专营权是一个很好的例子），或者重要项目出售时其购买者是公共艺术画廊或博物馆等机构。②

一类特别有意思的可移动文物是考古材料或者科学挖掘或寻宝者使用复杂设备（如金属探测器）在过去的居住地寻找古币、珠宝首饰或其他金属物品时发现的可移动文物。这些人工制品在经济以及历史或文化上都具有非常宝贵的价值。这些可移动文物在何种程度上具有公共价值可能涉及博物馆的利益，处理这些材料可能成为国内和国际层面上文化政策的重要议题。③ 类似的问题还涉及在世界各地的沉船中发现的水下遗产。④

可移动遗产的公共政策主要通过收集这些文物的博物馆、画廊和档案馆，或者公共建筑（如议会和政府大楼）的拥有和管理者来执行。有时候拥有这些文物收集品的博物馆属于私人业主，并且不直接接受公共管理的控制

---

① 后者的例子是 20 世纪 90 年代反对主要的艺术拍卖行（佳士得和苏富比拍卖公司）的反竞争行为的庆祝行动；见阿申费尔特和格拉德（2005）、金斯伯格等（2005）。

② 这一方面的公共政策可能还包括对文物物品的进出口管理，详见第 9 章。

③ 详见贝南德（2005）。

④ 详见思太提（1995）、格雷涅尔等（2006）。这类遗产由《联合国保护水下遗产公约》提供保护（2001），2009 年 1 月生效。

（在美国尤其如此）。不管其所有权如何，全世界大多数的文物博物馆以及与公共部门的文化政策一致的非营利组织都拥有明确的文化、科学和教育目标。艺术画廊和博物馆不论由公众还是私人拥有和管理，其董事会、托管人和管理层都面临同样的问题和任务。它们是以下四个彼此相关的方面：

• 藏品的管理：艺术品及其影印件的保管和维护是其首要责任。藏品不是静态的，而是要通过购买、赠送等不断增加的。虽然为了获得新的藏品博物馆要出售一些旧藏品，[①] 但博物馆普遍不愿意出售其馆藏品。藏品的储存、维护和再储存成本是大多数博物馆的主要开支。藏品的经济价值很可能形成该机构资产负债表的资产方面的最重要项目。

• 展出：博物馆作为文化中心的主要功能在于公众到此学习和参观。许多博物馆虽只有小部分的藏品随时展出，但其展品是不断更换的。博物馆不仅展出其本身的藏品，而且还展出一些从收藏者或其他博物馆处借来的展品。通常是几个机构在不同的地点按主题展示藏品，通过展出这些“大片（blockbusters）”博物馆可以以门票和产品销售的方式为其自身提供一项重要的收入来源。对著名的展览厅来说，经济诱惑力的挑战必须与艺术和文化及展出价值相权衡。

• 教育：许多博物馆将教育任务排在其优先地位，不论是通过对所有人开放的一般性展览，还是通过为年轻人设计的特别项目都是出于教育的目的。大型博物馆的教育专家为儿童安排许多活动，而且与教育机构合作以吸引学生团体的参观。

• 研究：许多博物馆在其专业的领域内进行专门或应用研究，接待访问学者对其展品进行研究，以及组织讲座和学术会议传播其研究成果。

---

① 详见弗雷和美亚（2006）。

在所有这些领域中，博物馆对监测和衡量影响其活动的因素很感兴趣。在过去几年中，不少努力都涉及明确和完善以成果为基础的管理措施，这些措施大都用于改善运营并加大来自公共和私人的财政支持。[①]

从公共支持的角度来看，博物馆和画廊的管理问题特别受关注。公共博物馆的管理成本在不断升高，公共基金的管理日益受到审查。文化机构有义务寻找其他方面的收入来源，但随之而来的问题是是否要收门票，以及是否应该用更多的时间和精力去寻找捐赠和赞助项目。[②] 政策制定者需要评估博物馆创造公共价值的水平，并以此校准资金提供的决定。过去十年来，荷兰成功地实行对主要艺术博物馆的所谓“私有化”。政策利益的一个重要方面是在新的管理模式中建构公共文化机构的所有权和经营权。事实上，正如第 4 章所述，荷兰模式并未涉及传统意义上的私有化，而只是明智地消除政府介入，从而使博物馆的管理以及资金提供的谈判过程更加自由。在这个体系中，建筑和藏品的所有权仍然牢牢掌握在公众手中。[③]

尽管人们对文化机构的非国有化有很高的热情，但是公共政策要警惕和防止博物馆活动的过度商业化及其面临的经济困境。一个明显的威胁是“目标的置换”（mission displacement）：当文化机构过分依赖盈利收入时，它们可能受到诱惑而远离其艺术和教育目标，从而转向依赖于娱乐型产品以获取更多的盈利。如果它们变得过分商业化，可能会损害其非营利的性质和大量的税收减免。

对于与可移动文物相关的文化机构来说（不仅包括博物馆和画廊，还包

---

① 详见威耳（2000）、安德森（2004）、斯科特（2006）。

② 有关免费的问题，见考埃尔（2007）。

③ 详见特普弗尔（2006）。

括图书馆）越来越重要的一个问题是新技术的处理。新的信息和通信技术对这些机构的影响是很复杂的。通过数字化以及软件在注册、分类和信息检索的应用，藏品管理已经发生了革命性的变化。展出也不断采用新的媒体技术以帮助演示和解释，博物馆的在线服务大大扩充了观众群。从政策角度来看，这些发展整合了文化机构作为创新产业的核心部分，并因此改变了前面章节讨论的文化产业的一些政策规定。①

公共政策和非物质遗产

前面我们注意到，非物质文化遗产的概念可能有点难以解释清楚。联合国最近制定的《保护非物质文化遗产公约》对此定义如下：

> 实践、申述、表达、知识、技能，以及工具、物品、文物和相关文化场所——其社区、团体以及某些情况下的个人认可都是文化遗产的一部分。这些代代相传的非物质遗产由社区和团体不断创造出来，以回应环境及其与自然和历史的互动……（联合国教科文组织，2003：2）。

非物质文化遗产可以解释为有资产存量并产生服务流量的文化资产。从政策角度来看，对非物质遗产的管理与其对应的物质资产的管理有很多相同之处，尽管规章的使用作为一种措施可能不太适合，但是非正式的和广泛的政策方法往往会更加有用。例如，为了确保维护和传承传统知识，可以通过政策措施提供如下援助：对个人或企业提供赞助以便使用传承下来的技能来生产各种产品和服务、支持教育、培训和技能开发项目、赞助研究项目等。

① 有关新技术对博物馆的影响的讨论，见纳伊伍德和提伍达耳（1999）。

如前所述，非物质文化遗产的另一部分是传承的音乐和文学存量。这一类文化遗产项目作为非竞争性公共物品存在，而且存在于公共领域并具有非排他性。这些遗产具有重大的文化价值，这是不争的事实。而且，传承的音乐和文学作品具有市场和非市场价值。对于音乐，它以各种形式包装和出售(书籍、录音和表演)；对于文学作品，则在于社会愿意为其存在、选用和遗产福利而支付费用。大量音乐的承传和文学作品的保存、保护和转换并不需要公众的介入。这类文化遗产受到广泛的赞赏，而其供求的正常过程将确保过去或最近的音乐继续上演，演出不断进行，小说被持续阅读等。但是，有关这类非物质文化遗产的公共利益的评估取决于对其非市场程度的认可（市场失效），以及那些可能脱离货币化评估的文化价值的假设责任的认定。例如，这可能涉及公众对演出团体、出版社以及其他专门具有承传作用的文化形式的保存和展示的支持。①

文物政策的国际层面

有关国际公约已经解答了有形和无形文化遗产方面的公共政策，公约认可有关国家的遗产项目具有普遍意义并希望确保对其适当的维护和管理。《世界遗产公约》和《保护非物质文化遗产公约》是两个最为重要的文件，两者都由联合国教科文组织制定，前者与不可移动的物质文化遗产有关。②

《世界遗产公约》于 1972 年被联合国教科文组织一般性会议采纳，并于

---

① 比尔认为美国的音乐遗产受大型音乐公司的市场促销活动的影响。那威义认为，公司的兴趣是获得文化遗产的权益，这些权益应属于一般公众；见那威义（2008）。

② 其全称是《保护世界文化遗产和自然遗产公约》。

1979年经过所需要的最低数量国认可之后开始生效。其主要内容是世界遗产清单制度，这类似于前面讨论的国内清单制度。清单涵盖自然和文化遗产。有关国家提请的特定的建筑、建筑群等都登记在清单之中，但是接受与否由代表委员会决定。起先，包含在清单中的唯一要求是项目被认为具有“杰出的普遍价值”。其后评估有更详细的标准，确定项目必须能够成为“杰出的”、“特别的”或“无与伦比的”。①

将文化遗产项目列入世界遗产清单中将影响国内的文化政策。清单被赋予国际认可，随之而来的是旅游人数的增加，以及可能对潜在的合作伙伴和参与保护和开发项目的开放。② 它还将提升景点在国内的形象，并可能使政府更容易对所涉及的设施在资金分配上予以支持。同时，列入清单对景点的保护及管理大有好处，因为相关部门要确保对被清单认可的自然或文化遗产予以适当的维护。列入清单有时是一把“双刃剑”，例如，它会吸引更多的旅游者，但超过探访水平时景点将受到损害。

如前所述，《保护非物质文化遗产公约》还包括口述传统和表述（包括语言表述）、传统表演艺术、社会惯例和礼仪、活动、传统知识，以及传统工艺。该公约可追溯到2003年，并于2006年生效。就像《世界遗产公约》对有形的、不动产形式的文化遗产的作用一样，《保护非物质文化遗产公约》致力于非物质遗产方面。它由一系列的特定条款组成，这些条款由签约国提出并由评审委员会评定，条款还包括一些较小的项目列表，这些列表或者从一般意义上或者与一些特定的社区相关，并被认为是代表了人类的创意。加入公约国的政府的义务包括对非物质遗产的清册编制以及以适当的措施致力

① 目前使用的完整的标准列表，见世界遗产网址 http：//whc. unesco. org/。

② 详见提思德耳和威尔逊（2002）的案例分析，此文收集于黎思克和法压尔（2006）。

于项目的维护。正如其他姐妹条约一样，《保护非物质文化遗产公约》的执行目的，旨在对有关政府组织和国际社会使用隐含的或明确的信息，提醒大家特别关注危险遗产项目的事项并对其采取紧急保护措施。[①]

结语

本章回顾了文化资产的概念及其与文物方面的相关解释，还讨论了文化资产与自然资本的相似性；在文化研究中采用生态经济学和环境经济学的概念和方法，并从理论和实证的可能性两方面进行比较；与此同时，将文化资产延伸到可持续发展领域，并将其原则运用于文物管理的可持续性之中。

这些讨论注重价值概念在文物领域的基本功能，并强调区别不同类型和层次价值的重要性——个人的与集体的、经济的与文化的，以及私人的与公共的。经济分析使用行之有效的收益评估法（如成本一价值分析法）进行效益评估，再运用同样行之有效的成本—收益分析法评估，这使得这些方法的区别更加清晰从而在文物政策和实务方面做出实质性的贡献。但是在许多领域，例如以市场为基础的政策措施的发展、非市场作用的评估、收益转换的可能性，以及没有通过典型的经济分析的文化价值的评估等方面，还有很多工作要做。由于文物价值的多学科性特点，需要经济学家和文物方面的专业人士大力合作，以确定问题所在的领域并找到解决方案。

① 有关《保护非物质文化遗产公约》及其影响的进一步讨论，见克日深巴拉提一基穆别尔提（2006），此文收集于史密斯和阿卡伽瓦（2009）。

第7章

城市和地区发展中的文化

这就是威尼斯：它有着蛊惑、暧昧的美，一个半童话世界半旅游陷阱的城市，然而在它污浊的空气里，艺术之花曾璀然绽放……

托马斯·曼：《威尼斯之死》，1912

引言

考虑艺术和文化在乡镇、城市和地区中的作用为我们打开了创意活动的空间维度。创意企业应该怎么定位？美术馆或艺术表演公司对其周围环境有何影响？文化因素对都市人的生活质量又起到什么样的作用呢？对这些问题进行思考需要用到我们前两章所讨论的文化产业和文化遗产以及后面一章将要谈到的旅游问题。的确，地区经济在某种意义上是全国经济的一个缩影，本章所讨论的每一个问题在城市或地区层面的应用上都有其特定诠释。

长期以来，人们认识到艺术和文化不只在一个方面对城市生活及城乡经济发展作出了贡献，这包括：

- 当地的艺术和文化活动可以提供社会参与及就业机会，例如，它可以作为一种重新安置诸如被边缘化的青年等社会群体的手段。[①]
- 雄厚的文化基础设施和活跃的艺术生活对创造一个“可持续发展的城市”来说是很重要的，因为它可以通过为企业的外来雇员提供宜人的生活和工作环境来吸引外来投资。
- 一个文化设施或机构本身可以促进城市的经济发展。西班牙毕尔巴鄂的古根海姆博物馆经常被作为一项文化投资拯救了一个衰退的城市的范例。一些国家的标志性建筑物，譬如比萨斜塔、泰姬陵和长城等，都是吸引旅游者的磁石，并且随着时间的推移成为当地人和旅游者眼中重要的文化标志。

① 详见贝利等人（2004）、迈尔斯和帕蒂森（2005）、比勒和舒茨（2006）、维克里（2007）。

- 一个城市的文化身份也会通过举办艺术节和其他艺术活动得到提升。例如，拜罗伊特、爱丁堡和萨尔斯堡等城市长期举办的艺术节就变得与这些城市的形象密不可分了。[①]
- 文化产业可以从城市设施的聚集和网络化中获益。一些城市的文化产业“创意集群”（creative clusters）的发展——米兰的时装、伦敦的剧院和好莱坞的电影等就反映了这种群聚优势。

这些问题都将在本章得到讨论。我们会先介绍一些基本概念，比如文化资本、城市的可持续发展以及可居住性等。创造性仍是本章的主题，我们还会讨论一些概念的含义，比如创意阶层、创意城市、创意集群等。建筑在城市生活中扮演着一个特殊角色，因为它不仅是文化产业之一，而且是城市环境质量的决定因素之一；我们还将讨论一些文化设施方面的建筑——博物馆、美术馆和表演艺术中心等——在这方面的特殊重要性。最后，我们将概括介绍城市和地区文化政策的一些实施办法。

概念

次国家（sub-national）经济学的一个基本单位是城市或地区。它们之间的界限是以相应的行政实体为基础划分的，例如大都市、州、市、镇等。行政实体管辖的区域界定后，其内部经济交易就可以得到确定，对诸如收入、产出、就业和增长等关键经济指标也可以进行监测，而它与自己所属的大经济体的贸易关系也可以得到衡量。界定区域经济对分析企业和产业对该

① 详见奎因（2005）。

区域的经济贡献来说尤为重要。例如，要衡量一个艺术节的经济影响，就需要确定该活动的开销中有多少来自区域内，有多少来自区域外，以便区分哪些是当地收入的真正增量，哪些是区域内部的转移，从而得到艺术节的净财务收益。

在考察城市文化政策时，我们可以将该问题分成两个相互关联的部分：文化基础设施的建设以及创意产业和创意活动的积极影响。本节将讨论问题的第一部分，我们将概括介绍一些衡量基础建设在城市文化生活中的角色方面的基本概念。在城市发展和重建的场景里，一个有效审视这一问题的方法是将城市看作资本资产的集合：

- 有形资本（建筑、基础设施等）；
- 自然资本（使城市得以保持其环境完整性的自然资源和生态系统）；
- 人力资本（城市居民的技巧和能力）；
- 文化资本（有形的和无形的文化资产）。

在此情况下，各种形式的城市发展项目可视为具有以下一个或多个意图的投资：

- 为了在上述一个或多个领域内创建新资本；
- 为了提高现有资本的管理效率；
- 为了修缮、恢复或重新利用旧资产，例如文化遗产。

这些项目可以由政府（中央、地区或当地）、私人公司、国际援助和贷款机构以及/或其他利益相关者来承担。在很多时候，这些不同的机构之间需要组成合作关系。项目的收益会以预期成果来衡量，而该项目是否值得投资则取决于对该项目有兴趣或受该项目影响的有关方的成本和利益评估。

很显然，上述各项资本中文化资本与本章的讨论关系最为密切。某一城市的文化资本由有形资本——建筑、开放空间、公共场所、艺术品收藏、纪念碑等——以及一系列无形资产，譬如传统、地方感、习惯行为、艺术家和消费者网络及其他非物质性的东西组成，所有这些都是该城市文化基础设施的组成要素。当与其他要素结合时，这些不同的文化资本所产生的各种多姿多彩的服务就形成了当地居民和外来游客所共享的艺术和文化氛围。当然，不同的城市所包含的文化资本在程度和复杂度上会有所不同。对某些城市来说，文化资本的集聚可能是地域化的，它环绕在某一文化遗产周围，或者发生在某一剧院、美术馆或其他艺术活动比较集中的“文化区”里；而在其他一些城市里，文化资本则无论是有形的还是无形的，都表现得很分散。

在一些城市里文化资本的集中度非常高，这些城市有“艺术城市”之称。在欧洲，这一流行用语是指那些艺术和建筑非常有特点的城市，例如佛罗伦萨、威尼斯、格拉纳达、巴黎、布拉格和圣彼得堡等。[①] 这些城市的文化资本非常密集并且联系紧密，试图将某一元素从中分离出来是不可取的。正是这些城市所蕴含的文化资本的总和才赋予了这些城市独特的魅力。另外，这些有形的和无形的文化资本的服务流——这些城市经过数百年才积累起来的——是一种独特的自我提升力量，简言之，艺术可以再生艺术。

艺术城市因其所拥有的异常丰富的艺术价值而成为人们了解文化资本运作的一个重要途径。对于这些城市的管理者来说，认识到这一点意味着对影响城市品质的发展项目的评估会很强烈地（甚至压倒性地）受到对文化价值考量的左右。这些例子清楚地说明优先性方法（如果不是城市规划方法）可能更常用于其他城市，在这些城市中艺术和建筑的角色虽不是无所不在或者高品质的，但也并非不重要。事实上我们可以说，在此情况下，规划者和决

---

① 详见拉泽雷蒂（2004）中讨论的佛罗伦萨一例。

策者肩负着更重要的责任去认识城市艺术和建筑的文化价值，尤其是在经济力量不可避免地被视为城市发展的唯一或主要推动力时。[①]

从前一章关于文化遗产的讨论中我们可以看出，有关可持续性发展的范例会引起我们对城市文化资本管理的考虑。特别是，当我们把有关可持续性发展的原则运用到艺术和文化当中以便将我们所积累的文化资本传承给下一代时，就会涉及对社会伦理责任的重视。这也意味着从整体的角度看待文化系统的运作时，要将文化价值和经济价值两者都考虑进来。对于一个城市来说，对这些问题的考虑可以用“可持续发展城市”这一概念来解释。虽然到目前为止人们对城市可持续性发展的关注主要集中在环境方面，但有充分的理由说明应该将这种关注扩展到艺术和文化的可持续发展上，因为后者是城市生命的一个关键组成部分。[②] 而文化资本的概念则为这种扩展提供了有效的理论依据。

上述考虑都是出于提高城市可居住性这一目的。可居住性是一个包括地理学家、社会学家以及规划设计师在内的学者们用以描述一个城市之所以吸引人们居住的环境特点的术语。这些特点包括有形的，诸如公共基础设施（公共空间、城市交通、健康和教育服务、清洁的空气和用水、有效的卫生服务和垃圾处理等）和无形的，诸如地方感、地方特色、成熟的社会网络等。如果能将某一城市的这些有形资产和无形资产列成清单，那么就可以对该城市可居住环境的特点进行记录，而有关该城市居民特点的指标也可以通过观察得出，诸如积极的公民参与（治理）以及积极的文化和娱乐活动（创造性、艺术生产和消费、体育等）等可视为对一个可居住环境的响应的标志。

---

① 有关文化在城市规划中的应用的讨论，见杨（2008）。

② 有关全球化背景下城市文化可持续性发展的讨论，见叶林（1998）。

城市环境中的创造性

正如我们在第 5 章中所讨论的，对宏观经济中的革新和技术变革来说创造性是一个驱动因素，而且它对一个地方的经济来说也同样非常重要。从最基本的角度来看，创造性是地方政府为推动经济发展、创造就业机会以及振兴市镇中的衰退地区——对解决更广泛的社会问题也有作用——而孜孜以求地发展文化产业的关键。在一个特定的城市环境中，创造性与三个概念有关：创意阶层、创意集群和创意城市。

创意阶层

一个对提高创造性在城市生活中的认知度有重要影响的作者是美国的、有争议性的地区经济学者理查德·弗洛里达（Richard Florida）。他认为创造性已取代原材料、劳动力和资金流而成为城市经济的主要驱动因素（弗洛里达，2002）。他把一个新兴的社会阶层——创意阶层——看作城市活力的创新来源。这一观点并不新奇，城市理论家们，如刘易斯·曼福德（Lewis Mumford）、简·雅各布斯（Jane Jacobs）和彼得·赫尔（Peter Hall）等都从不同角度指出创造性是革新和城市发展的引擎。[①] 不过，与认为创造性是即兴的、其出现是不可制造的学者们不同，弗洛里达认为城市可以积极地鼓励创意阶层的发展从而提高其经济表现。他把技术、才能和容忍度（3T）视为引发创造性的经济火花。

---

① 详见芒福德（1958）、雅各布斯（1970）、赫尔（1998）。

在其实证研究中弗洛里达设置了一系列指数，来衡量某一城市的劳动力市场密度、生活方式的特点、社交等。这些指数综合在一起说明了一个城市的身份，它为根据城市创意阶层的强弱对城市进行排名提供了定量方法。而在其近期研究中弗洛里达把目光转向地方感，他认为人们在何处生活要比其工作及与他们生活在一起的人更重要。①

创意阶层这一理论曾受到很多评判。② 尤其是弗洛里达所指的“创造性”概念模糊，因为其含义中还包括了一个非常宽泛的、用以定义创意阶层的职业类别。他用来解决在城市中因创意阶层过于强大而造成不平等的方法也受到一些批评，③ 其用以衡量创意阶层的各种指数的设立以及其观点里所隐含的因果关系也受到严重质疑。对于后一点，虽然弗洛里达声明他不是主张单向的因果关系，即一个城市的成功是由其创意阶层的多少来决定的，但很多城市的市长和政策决策者还是这样来理解弗洛里达的理论，并依据他们的理解制定政策以吸引和留住有创造性才能的人士，从而达到促进城市经济发展的初衷。

无论创意阶层这一概念是在纯粹的修辞还是具有某些分析潜力可以作为城市中政治家们振臂高呼的筹码，一个重要的事实——有创造才能的人在城市里聚居——一直是值得关注的现象。国际上很多大城市都有这样的聚居区。

---

① 详见弗洛里达（2008）。

② 2004 年 10 月，于俄勒冈的波特兰举行的城市规划院校联合会年会上，就弗洛里达的研究进行的圆桌讨论，发表于《美国规划协会期刊》（71（2）：201－219），其中还包括弗洛里达就一些批评的回应；另见佩克（2005）及劳施和内格雷（2006）的评论。

③ 详见马库森（2006）、多尼根和洛（2008）。

创意集群

经济活动中的集群现象由来已久。阿尔弗莱德·马歇尔（Alfred Marshall）在1890年出版的《经济学原理》（*Principles of Economics*）一书中就开始关注本地化产业中的内部和外部经济。[①] 此后，迈克尔·波特（Michael Porter）提出的“集群理论”极大地引发了人们对研究企业管理战略中地理位置问题的兴趣。[②] 波特认为，通过在地理位置上靠近其他企业而参与到集群中可以提高生产率和革新能力等竞争优势。在这一过程中，有影响作用的不仅仅是经济上的联系，社会网络在推动合作、灵活性、合资企业和信息共享等方面也非常重要。

文化背景下的创意集群有几种表现形式。

首先，城市文化区是集群企业在地理位置上接近投入和产出市场的表现。城市里的剧院、音乐厅和博物馆等距离通常都比较接近，就是为了利用这种集群效应将游客吸引到该文化区以增强客流密集度。同样道理，供应方也喜欢聚集在他们的主要用户周围，例如在好莱坞，各种高度专业化的服务提供者如演员的经纪人、特效公司、后期制作服务公司等都坐落在大的摄影棚周围。[③]

其次，创意产业中的企业在追求规模经济时可能会采取一些常规的集群模式，以获取产业集群过程中所产生的网络和集团效应。创造性、知识生产和信息交换等在城市或地区创意企业集群的建立中具有决定性作用，尤其是在高科技创新产业中。

---

① 详见马歇尔（1890：第4篇第10章）。

② 详见波特（1998，2000），另见帕拉苏埃洛斯（2005）。

③ 详见司各特（2005）。

最后，我们要关注一种特别的集群——为了确保可用于市场推广和保护当地生产商的产品商标而建立的文化区。① 对集群现象来说，这种文化区利用网络、集团和企业间合作等非常基本的概念，但又通过知识产权法将这些概念推进一步，将产品的品牌标识正规化并使之得到保护。

从政策角度来看我们要问的问题是，创意集群或文化集群的产生是自发的，还是通过政策干预进行倡导或至少鼓励产生的？当然，私人企业寻求聚集优势并不一定需要外力的推动，很多例子都证明文化集群是自发产生的。不过政策干预还是有用的，寻找刺激集群形成的方法对地区文化政策来说是一个显而易见的问题。某一地区的社会网络和文化生产者赖以运作的条件如何才能具有可行及可持续性，对不同的国家以及不同类型的产品和服务来说是不一样的，没有一个“放之四海而皆准”的原则。不过，创意产业政策的各种手段（第 5 章中有所讨论）对城市和地区发展有着重要的现实意义。我们接下来要讨论这些问题。

创意城市

“创意城市”这一概念是指城市中各种不同的文化活动构成城市经济和社会运作不可分割的组成部分。这类城市通常建立在完善的社会和文化基础设施之上，具有相对较高的创造性就业，并因其完善的艺术和文化设施而吸引着外来投资。查尔斯·兰德里（Charles Landry）认为城市具有一项非常重要的资源——人。他认为，创新能力正在取代地理位置、自然资源和市场准入等成为代表城市活力的一个主要因素。他指出：

---

① 这种形式的文化区多见于生产酒、奶酪、陶瓷、纺织品等产品的地区；见圣阿加塔（2002；2006）。

今天，世界上很多城市正再次面临着全球化而带来的转型。这种转型在不同的地区之间有所不同：在亚洲，城市在发展；在欧洲等其他地方，城市里的旧产业正在消失，而价值的增加更多地不是通过制造，而是通过智力资本在产品、程序和服务上的应用。[①]

联合国教科文组织建立了一个“创意城市网”，其成员包括博洛尼亚和塞维利亚，其重点是音乐；以及布宜诺斯艾利斯和柏林，其创意主题是设计。教科文组织的这一网络还延伸开去，将食品也作为一个文化元素包括进来。哥伦比亚的波帕扬是教科文组织设定的首个美食城市，这个城市的家庭和社区通过展示他们独特的菜谱、礼仪和原材料等来推介他们的文化身份。同样具有宣扬意味的是欧洲的“文化之都”这一称谓，每个成为“文化之都”的城市可享此殊荣一年，然后传给下一个幸运城市。虽然对获选城市的文化生活的关注无疑会提高该城市（至少一年内）艺术以及文化的生产和消费，但更长远的影响却不太确定。[②]

一般来说创意城市这一概念是很有诱惑力的，所以很多城市当局在他们的宣传材料和愿景声明中都喜欢使用这一概念。然而，有时候这一做法不过是因为他们错误地相信通过鼓励创意企业和创意工作者的迁移就能创造出经济奇迹，而做出的利用创意阶层理论的一种轻巧姿态。然而，创意城市战略至少可以让人们关注文化基础设施的建设、本地文化的参与、增强对充满活力的创造性艺术领域的建设、社区导向型文化遗产保护以及支持已经完全融入本地经济的更宽泛意义上的创意产业的发展。

---

① 详见兰德里（2000：viii）。

② 关于 2001 年进行的波尔图和鹿特丹的案例研究，分别见于巴尔萨斯（2004）以及理查兹和威尔逊（2004）。

建筑的角色

任何有关艺术和文化在城市中的角色的讨论都不能忽视建筑的重要性，尤其是都市中那些可以称为文化建筑的作品。很多文化机构坐落在文物建筑里，因此它们对建筑环境的贡献是显而易见的。当代一个日益突显的现象是，新文化设施作为标志性建筑物被设计出来，人们前来参观的原因不仅是为了建筑物里面的内容，也是为了建筑物本身。让我们来看三个例子：

首先是悉尼歌剧院，20 世纪最杰出的建筑之一。它位于悉尼湾一角，那滚滚的白帆让歌剧院看起来就像一艘巨船停泊在城市高耸的建筑物脚下。它的设计师是荷兰人约恩·乌特松（Joern Utzon）。悉尼歌剧院于 1973 年建成，它不仅仅是一个歌剧院，更是一个表演艺术中心，因为除了一个歌剧厅外，它还有一个大音乐厅，三个戏剧厅和几个展览室。它那独特的白色剪影已经成为悉尼的象征而为全世界所熟悉。①

其次是毕尔巴鄂的古根海姆博物馆，它看起来像一艘阴差阳错地降落在一片工业废墟上的太空飞船。弗兰克·盖里（Frank Gehry）的这一钛复合结构的建筑与周围的环境似乎完全不搭调，然而，在 1997 年建成后它却在很短的时间内成为毕尔巴鄂的一道城市风景线。很多以前可能没听说过毕尔巴鄂的国际游客纷纷前来参观这一建筑以及建筑里的艺术品。对巴斯克人来说，它既是一个重要的标志性建筑，也是一剂使一个原本经济衰退的地区脱

① 有关最近的评估，见德鲁和布劳韦尔（2002）。

胎换骨的良方。[①]

最后让我们来到洛杉矶。20世纪80年代末保罗·盖蒂信托基金（Paul Getty Trust）一直在寻找一个地方集中安置它的博物馆、研究机构、保护中心及其他机构，最后选定了位于洛杉矶边缘的一个山顶。美国建筑师理查德·梅耶（Richard Meier）为此设计了一组宽敞宏大的建筑和广场，称为盖蒂中心或简称盖蒂。这一耗资巨大的建筑群坐拥山巅，俯瞰着山脚下洛杉矶宽阔的高速公路和漫无边际的都市丛林，甚至还可以望见远处的太平洋。它像一个大学校园，向到访的游客传递出一种既平和又自然的氛围。[②]

虽然这三个例子分别来自三个不同大陆的城市，但它们有一些共同点。它们都是20世纪末非常杰出的建筑，每个建筑本身都对后现代的建筑设计和建造理念产生了深刻影响。三座建筑都是文化机构，既是知识库，又是艺术的承运商。其服务对象来自国内外，既包括资深专家，也有普通大众。另外，对其中每一座建筑的解读都依赖于该建筑所处的城市环境。从外在设计来看，这一依赖性更为明显——这些建筑是与其所处的环境一起被欣赏的，如果把它们放在沙漠中，那么它们就不能提供同样的视觉效果或诠释。譬如，悉尼歌剧院坐落在三面环水的港湾里；毕尔巴鄂的古根海姆似乎衬托出周遭的桥梁、道路、铁路站台及其他城市设施，同时也被它们映衬出来；盖蒂中心像是从城市景观中生长出的、巨大的、像雅典的卫城一样俯瞰着洛杉矶。然而，这三个例子所说明的建筑与城市的相互依赖性远不止于这一外在效果。这些建筑所承担的文化中心的角色也使其成为所在城市的无形结构的一部分，为这些城市成为文明的公共物品做出了自己的贡献。建筑的这两个

---

① 详见冯·布鲁根（1997）；有关对该博物馆的经济和文化影响的讨论，见布拉扎（2000）、Baniotopoulou（2001）。

② 建筑师自己的说明，见梅耶（1997）。

特点——外在表观及其作为文化身份象征的更复杂的角色——有助于解释建筑文化与公众对城市文化和艺术的体验之间的关系。

值得一提的是，访客的文化体验，无论是听音乐、看话剧还是观摩画展，都不能与欣赏建筑物分割开来。例如，去悉尼歌剧院看一场演出就像接近一座雕塑，甚至在入座之前这种体验就已经开始了。同样，在毕尔巴鄂美术馆里欣赏理查德·塞拉（Richard Serra）和珍妮·霍尔泽（Jenny Holzer）等艺术家的作品会深刻地影响到观赏者对它们的反应。而盖蒂的藏品在梅耶位于山巅的堂皇宫殿里看起来也似乎有了新的生命。换言之，在城市环境里欣赏艺术的快乐不能与该艺术的表现手段分割开来，而且这种手段越精细，消费者的文化体验就可能越强烈。

我们能否从以上讨论中得出一些政策应用方面的启示？很显然，简单地举办一场国际竞赛来设计一个标志性建筑以安置一所文化机构，通过这种方式增加全球的建筑样板是不明智的。然而不可否认的是，一座充分利用城市特有环境、照顾到各种城市文化需求的好建筑会对城市的文化生活和经济发展做出巨大贡献。例如，伦敦泰特现代美术馆的巨大成功——以访客数量来看——在很大程度上是因为建筑本身是一个浑然天成的范例，以及一个可以在其中欣赏现代艺术的活跃场所。对政府当局来说，幸运的是（至少在经济繁荣时期）很多私人机构通常都乐于资助游客数量众多的文化机构的设计和建造。

结语

本章讨论了在考虑艺术和文化在城市中的角色时所呈现出的政策问题。

我们也谈到前面几章所讨论的政策工具——尤其是有关艺术和文化产业以及遗产等——在城市和地区发展中的特殊应用。当然，单凭某一项政策工具是不太可能实现文化领域对城市经济的贡献最大化。某一个市镇、城市或地区的文化发展政策大致包括以下几方面的一揽子计划：

- 基础设施的提供：前面我们看到，从文化遗产的享受到文化产业的运作，有形的和无形的文化资本是如何支撑着整个城市的文化活动的。另外，对创意企业来说，公共基础设施，诸如交通通信、金融服务、市场信息等与对其他任何企业一样也很重要。

- 金融和投资：能否比较容易获得启动资金和周转资金对城市中文化企业的成功创建和发展来说是一个非常重要的先决条件。政府通过企业孵化器的形式对小企业，以及通过有针对性的公共/私人合作的形式对较大企业进行激励，这在鼓励当地创意集群的发展方面会很有效果。

- 培养地方当局的能力：创意城市的一个主要特点是社区生活质量—通过人们积极参与基层艺术和文化活动而创造出的社会凝聚力和文化身份认同。经验证明，这种活动的管理最好下放给当地有关部门，不过上级政府可以通过培养社区处理自己事务能力方式进行协助。

- 跨辖区合作：由于创意经济的多面性，城市或地区文化领域的政策决策不可能由某一机构或政府部门来完成，而更可能被分摊到几个不同的机构或部门。因此，各相关方的合作和共同投入对政策决策的实施就显得至关重要，比如通过城市或区域规划机构的方式。

- 支持核心创意艺术：正如前面讨论到的文化产业同心圆模式所暗示的，一个可持续性发展的文化部门需要一个健康有活力的创意艺术作为核心。这样，一个有力支持艺术家和艺术组织的项目就可以有纯文化方面的出发点，但它仍然可以有经济方面的解释——支撑城市或区域经济内文化产业中更广泛意义上的文化生产。

最后，拥有可靠的数据和良好的分析方法是制定合理的城市政策的基础，认识到这一点很重要。文化策划者们每天都要面对衡量和评估方面的难题，尤其是要对价值进行判断。一个街头艺术节对当地社区具有怎样的价值？单个艺术家对城市经济具有怎样的贡献？夏季游客为城市带来多少净价值？投资建造一个新文化中心是否值得呢？所有这些问题都需要对经济价值和文化价值两者作出评估。如果从社区的长远利益出发进行决策，那么具有全面的统计技能和出色的经济和文化分析能力对地方当局的规划机构来说是至关重要的。

第 8 章 旅游

“你喜爱万神殿（伦敦的一幢建筑）吗?”“非常喜欢，我从没有见过哪幢建筑可以和它相比”“你还没有出过国。旅游让一切快乐黯然失色！自从我去过意大利，就对这儿的建筑都看不上眼了。”

范妮·伯尼:《塞西莉亚》，1782

引言

通过对旅游业的分析，我们区分出大众旅游（mass tourism）和小众旅游（niche tourism）。前者用商业语言来说就是批量化、低收益率的旅游；而后者是为挑剔的旅游者量身定做、小团队、高人均收益率的旅游产品。两种旅游市场都深深地关联并影响着艺术和文化领域。“文化旅游”这个概念和两种旅游行为都相关。参观博物馆、古迹、观看文艺表演、参加度假村和酒店举行的招待活动等等被打包推销给大众旅游者。不跟团的散客也可以参加这些活动。不管以哪种方式参加，“文化旅游”从广义的大众旅游意义上来说，都意味着大量的人群，意味着对世界知名博物馆、艺术馆、古迹的推崇，也就意味着人流量的压力。

在另一种意义上，文化旅游也可以是小众旅游者寻找特别体验的一种方式。在这里，“文化旅游”指的是小众市场（niche market）里，那些熟知人文并且对此感兴趣的旅游者，以自由行或者套餐的形式进行专门的文化探寻之旅。文化旅游者寻找的体验包括：参观特定的文艺活动或者博物馆、艺术馆；参加文化节日；去宗教或者文化圣地朝圣；访问与文学或者其他艺术相关的地点；跟随专家，参观考古地点或其他场所；或是在某个社区居住并体验生活等等。

在这两种意义上，文化和旅游的互动关系与文化政策息息相关。在本章中，我们将联系文化层面，讨论两种旅游的经济学衍生物。我们首先讨论大众旅游市场，再对专业文化旅游市场引发的文化问题进行讨论。最后，我们将总结出一些政策结论。

旅游的经济学层面

旅游作为一种产业

要讨论旅游产业，首要的任务是定义谁是旅游者。根据出行的时间和距离的长短，旅游者定义有所不同。广泛接受的定义是，除了上下班以外，离开居住地 40 公里以上的旅程即可称为旅行。旅游可以是境内游，也可以是境外游；可以是商务之游，也可以是休闲之旅。旅行有一日游和多日游之分。还有一些别的标准，把移民、难民、学生等等排除在旅游者之外。从细分的角度，文化旅游者也有很多种，比如说，去剧场看表演的游客，根据他们追随的动力，有的是“铁杆粉丝”，有的则只是“票友”。①

给旅游产业划界、定义其组成部分并不像看上去那么简单。在这个产业的中心，是那些完全以旅游业为生的个人和公司：比如套餐团经营者、导游，名胜古迹、度假村等等。根据旅游者定义的不同，其他的产业，比如酒店、长途运输公司，都可以是旅游产业的组成部分。旅游业的界限还可以覆盖到其他和旅游业部分相关的行业，比如餐馆、剧场、博物馆、艺术馆等等。在这些行业里，与旅游业相关的生意的比例从 0 到 100％都有。

衡量旅游产业对经济的贡献，可以从旅游者在购物和服务上的消费对产值、收入、就业率和出口的直接贡献入手，也可以从这些消费对经济的后续和间接影响入手。我们可以通过前面章节讨论过的跨产业方法来分析这些影

---

① 引自休斯（2000：54—60）及其引用文。

响，包括运用投入一产出分析（input-output analysis）和可计算一般均衡模型（computable general equilibrium）。[①] 如果能提供旅游卫星账户（tourism satellite account）的话，就可以收集到更有深度、更高质量的研究数据；[②] 在某些情况下，旅游卫星账户里会有足够的分类详解，从而使文化旅游这一特定研究成为可能。这类分析关注的是经济价值的产出；不过我们也可以大致想象，这些描述产业间财务资源流的模型，也能拿来推广到文化价值的交流方面。从现实来看，这一推广还有待时日，因为投入一产出模型需要的数据量非常大，数据本身已经限制了模型的运用。不难看到，我们还没有熟练可靠的方法将文化价值表述于量化模型，如果把它们运用到文化领域，可能会有更大的问题。但是不管怎样，在把这些方法运用到文化和旅游时忽略那些可以计量的影响——也就是在分析经济价值流的过程中，我们可以学到很多东西。毫无疑问，我们也可以预见将来会有一系列这样的运用。

和其他文化产业一样，旅游业也受到新通信科技的影响。互联网极大地改变了旅游业商家促销的手段和旅游者收集景点、交通、住宿等信息的方法。而且，新科技已开始影响到旅游体验本身。比如说，旅游者可以利用全球定位系统在一个城市追寻他们订制的旅程，享受量身定做的解说。文化场馆提供一系列的媒介来提升游客的观光体验。这些发展引发了我们对旅游价值链的重新思考，也涉及与旅游业相关的文化艺术场所的商业模型。[③]

影响研究

文化和艺术旅游在经济上影响到文化企业的收入和就业率，在某些情况

---

① 举例可见戴维尔等（2000，2004）。

② 详见布莱克等（2001）、琼斯等（2003）、斯密尔（2006）、李伯若斯等（2006）。

③ 详见明赫尔等（2001）、斯伽那（2005）。

下成为这些企业的立身之本。比如说，伦敦西区剧场的很多观众都是游客，以至于这些剧场的财务生存很大程度上取决于旅游业。[①] 这时候，旅游业就成为相关文化场所的一个特定的收入来源，虽然这一来源会随着旅游业难以预测的兴旺和低潮而波动。对于很多名胜古迹来说，旅游业实质上是它们唯一的收入来源。因此，修缮和保持古迹上的投资很大程度上取决于未来的收入回报。比如说，世界银行为了审批某发展中国家用于修复一处古迹的贷款申请，可能会要求作为主要还款来源的预计旅游消费和收入达到一定的水平。[②]

旅游业不仅是一些艺术公司、文化场馆和名胜的重要收入来源和就业率支撑，也对当地和区域经济有重要作用。比如说，艺术节等文化活动吸引观光客来到城镇，他们的消费对当地经济的影响可能是巨大的。我们在前面的章节里讨论了文化艺术活动的经济影响；而在旅游业内，我们可以进一步说，外来游客的消费及其乘数效应对当地经济来说是一种净增长，而本地游客的花费则只是从别的消费产业转移到旅游业。从全国经济来说，在研究节日等活动的影响时，要区分国内游客和国外游客，以分清收入净增长和消费转移。通过探寻游客旅游的动力以分辨他们是否被活动吸引而来也是有用的，这决定了游客的消费比例和节日对可计算的净增长的影响。[③]

可持续性旅游业

“可持续性旅游业”现已成为一些旅游管理战略的既定标杆，这些战略

---

① 但这可能会对剧院的类型产生影响，其中一些剧院可能被认为是不利的，见休斯（1998）。

② 见科尔纳（2001）和世界银行（2001，2007）的一些案例分析。

③ 对著名的爱丁堡艺术节案例的研究，见古纳顿和泰勒（1995）；关于旅游节日对经济影响的研究，见体若尔和约翰斯顿（2001）、宏都尔和雷斯体日兹（2007）。

要求避免短期的掠夺性开发，寻求对地区、城市、区域以至于国家的经济、环境、社会和人文长期的保护和发展，以持续地提供优质旅游服务。在一些以环境资源为旅游景点的地方（珊瑚礁、野生地带等），可持续性旅游业原则已经成为解决旅游开发者（他们追求经济收入）和环保主义者（他们追求环境保护）争端的一种方案。在这一情况下，政策方寻求的是对旅游从业者和社会环境都好的“双赢”效果。同样，共赢战略原则在文化旅游方面也是可行的。

例如，修复一个以旅游收入为主的古迹，对于这样的可持续性项目通过阐述下面三个要求，我们可以对可持续性旅游业这一概念在文化上的应用作具体的定义：[①]

（1）可持续性经济：综合市场和非市场效益进行考量，这个项目应该提供稳定的、可预测的未来经济净利益。市场效益包括门票收入，以及游客消费的净增长值（效用）。如果外溢的（externality）或公益效益与直接的市场效益非常相关，那么此项目可能需要引进一些收入征收措施，以保证项目长久的财务可靠性；比如说，可以对那些享受外部收益或使用外部成本的人征税。对旅游者来说，典型的征收方式是机场的离境税，或者是酒店占用税。在普世平等的高度上运用可持续性原则，则意味着确保那些比如受到旅游项目影响的当地居民有同等权利追求项目的经济效益。

（2）可持续性生态：当游客既体验到人文资源又体验到自然资源的时候，文化古迹就与可持续性生态相关了。[②] 可持续性生态的主要要求是对自然资源、物种多样性和生态系统的保护，旅游项目就应该确保将游客的

① 见林德伯尔格（1999）、密克尔切尔和杜·科若斯（2002）、基里摩尔等（2007）。

② 很多世界遗产目录都同时列有自然和文化遗产。

影响控制在这些原则允许的范围内。在有的情况下，通过定价和规章制度来控制人流量就行了，而有的时候，不仅要注意数量上更要注意质量上的影响。

（3） 可持续性文化：前面提到文化资源和自然资源两个概念是并行的，由此可知，可持续性文化的主要要求集中在和可持续性生态相同的那些原则上：即对文化资源、文化多样性和文化生态平衡的维护。同样，我们需要对旅游的影响加以控制以保证它们符合这些原则。比如说，如果一个考古地点总是受到日人流量超标的压力，就没办法保证文化上的可持续性。类似地，在一个古老的小镇如果游客过多，支撑文化活动多样性的文化结构就会受到威胁，同样也就达不到可持续性文化的标准。以下会讨论这些问题。

大众旅游中的文化问题

从个体博物馆、文艺演出场所到整个城镇，各种级别的文化企业都会受到大众旅游的影响。庞大的大众旅游现象给各种级别的企业带来巨大的潜在经济效益。然而，它也带来成本上升，特别是当人流超量时，拥挤会引起阻塞成本，景点、艺术品和设施也可能遭到损坏。而且，大众旅游可能会带来文化上的负面影响，例如，人流量太大会威胁到景点或社区的文化完整性。

接待量上限这一概念被用来表示：在不引起不当的阻塞或损坏风险的情况下，一个景区或场馆每小时或者每天可以接受的最大人流量。[①] 这一概念

① 详见布朗等（1995）、温特尔（2008）。

已经被用于国家公园、珊瑚礁、野生地带等自然遗产景区。这一概念也适用于文化范畴。它的运用在于通过设定单位时间内游客数量控制指标，来引导景区管理的操作规则。很多机构或明或暗地实施了接待量上限，大部分通过控制门票数量来达到这一目的。

上面讨论的大众旅游和文化的关系之间出现的问题，对公共文化政策有一些特殊含义。那些想要开拓大众旅游市场带来的潜在经济利益的地方和国家政府，经常会利用文化产业这张王牌来吸引游客，但是，它们也必须知道大众旅游可以给个体文化艺术企业带来的正面和负面的双重影响。如果碰到了或者预见到负面影响，比如人流量超标，那么政策制定者必须采取适当的措施。可以采用的手段有价格调控、政策控制，或者是宣传、营销、教育方面的方案。

文化旅游中的小众市场

现在我们来看文化旅游这一特定概念中的问题。“文化旅游”这一术语可以从旅游产品的角度诠释（例如一个以去大剧院听歌剧为特定行程的欧洲团），也可以从旅游者目的这个角度诠释（全新的文化体验和文化知识等等）。不管从什么角度看，这种旅游形式都有“小众市场”的特点，因为消费者人数相对少，要求高，并且知识丰富、经济宽松。它和“生态旅游”有一定相似性——生态旅游就是为了特别寻找生态、环保主义体验的旅游——实际上这两种旅游有时候是互相交织的，比如说，当一个旅游景点既有环保主义特点，又有人文景观时。

由于旅游者的文化素养，小众的文化旅游通常不会对来访的场馆、景点或社区有负面影响。比如说土著社区之旅，旅游者可能通过在土著社区居住一段时间来寻找土著文化和生活的第一手经验。这种旅游显然以尊重当地文化，不打扰社区文化生活为目的。然而，不管旅游者多么小心，还是不能避免一些负面的影响，因此对土著地区来说，认真计划和管理旅游项目是必要的。①

文化旅游的另外一个重要领域是海岛旅游。分布在加勒比海、地中海、太平洋和印度洋的一些岛国或岛域拥有大量的自然和文化资源，这些资源是吸引旅游者的王牌，旅游业也常常是这些岛国经济的重要支撑。在这种情况下，经济、生态、文化等可持续性问题有很大的缓解。比如说文化的可持续性，我们注意到在某些情况下，像戴维·菲舍（David Fisher）在对斐济的一个旅游项目进行分析时指出的，对岛国传统的保护可能靠的就是将这些传统加以商业包装以推销给游客来实现的。② 旅游需求带来的各种影响还可能威胁到文化的可持续性，比如说，威尔尼克·朗（Veronica Long）和杰费瑞·华尔（Geoffrey Wall）研究过巴厘岛的一些当地人提供的、向游客展示当地文化的“寄宿家庭”服务，发现其中的文化其实已经为游客而改变了。③

一些小岛国的经济可持续性也可能成问题。这些岛国有时把旅游业看作解决经济困难的奇方，甚至把旅游业看得像灵验的摇钱树一样。然而，岛屿间的相互竞争、外部的竞争压力、突如其来的国际冲击，更不用说内部的政治和社会的不稳定，都可以引发游客人数的周期性或者长期性减少。这使得

---

① 关于这些项目的讨论，见华尔（1999）、日严和艾科恩（2005）、约翰斯顿（2006）、麦克劳德（2006）。

② 详见菲舍（2003）。

③ 详见朗和华尔（1995）。

在一些岛国经济中，旅游业作为发展出口的一部分，前景堪忧。更进一步，如果旅游消费收入的经济利益只被少量人享有，旅游业也可能对一些内部经济指标，比如收入分配有负面影响。[①]

结语

本章从地区、区域、国家和国际层面讨论了旅游业和文化艺术之间各种互相影响的方式。这些讨论的基础在之前章节已有涉及，特别是关于遗产（第 6 章）以及城市和区域发展（第 7 章）的部分。前面章节中的政策分析很多适用于旅游业——比如说古迹管理，或是地区土地使用规划。一般来说，针对旅游业的公共政策常常以包括一系列“旅游业战略”的形式出台，其中可能对文化和艺术有特别关注。在国家层次，这一战略系列通常可能包括：

- 在国内外推广旅游业的营销策划；
- 创收手段，比如占用税、抵港及离境税等；
- 支出手段，比如帮助与旅游业相关的小企业，例如艺术团体和组织等；
- 政策手段，比如土地使用规划和分区；
- 为旅游者提供信息，比如城市文化景点指南；
- 帮助个人和社区了解旅游发展的正面和负面影响的教育方案。

---

① 关于岛国旅游的进一步讨论见 Briguglie 等（1996）、体斯德尔和密克义（2001）、Kokkranikal 等（2003）、哈里森（2003）；

类似的内容也可以在地区旅游发展战略里找到。地区文化政策在旅游业上发挥重要作用的一个特别方面是古迹管理。我们可以看到，这些地方往往把旅游业当成主要收入来源。一些国家有着一些独特的文化古迹，由于其在国内甚至国际文化中的重要性，对当地人的性格和人文身份来说至关重要。为管理这些古迹——包括修复、保护或作为旅游景点运营——经常需要聘请古迹保护专家、历史学家、考古学家、企业经理等等专业人士。然而，如果不把当地人的“主人翁意识”调动起来，古迹管理计划往往不能成功。联合国教科文组织设在曼谷的亚太地区办公室文化司发起的 LEAP（亚太地区居民自发社区发展和文化古迹保护）项目就是一个例子。[①] 这一项目在亚太的一些地区试点，并促成了古迹和旅游业网络的产生。这一网络把古迹管理者、私人及政府的古迹专家集中在一起，调动当地居民和资源一起来运营古迹。该项目的一个成果是以形成一个可持续性的文化遗产资源库和支持平台为目的的，涵盖各方面计划流程的一系列模式（如丽江模式）。虽然这一系列模式以发展中国家的古迹管理为导向，但模式里的原则还是可以广泛地运用到世界各地重要文化旅游景点的管理中。

① 关于此项目请访问 www. unescobkk. org。

第 9 章
国际经济中的文化

让好莱坞见鬼去吧！

约翰·梅纳德·凯恩斯，1945

引言

没有什么领域比国际舞台更让文化政策和经济政策更直接相交的了。从根本上讲，世界经济的国际化为文化的生产、经销和消费提供了发生背景；实际上，正如我们在第 1 章所讲到的，全球化已经成为近年来影响文化政策转型的一个重要因素。从更直接的政策角度来看，文化政策在以下几方面与国际经济紧密相连：

- 有形的文化产品如艺术品、书籍、光碟等的国际贸易；
- 与电视节目、电影、数字化音乐等无形文化商品有关的知识产权的国际贸易；
- 对文化产业产生影响的劳动力的国际化移动，如艺术家的流动和交流等；
- 国际文化交流，如表演公司的巡回演出、艺术品的流通以及文物在博物馆和美术馆之间的租借展出；
- 国际文化外交和“软实力”的较量以及国际文化旅游。

本章通过区分国际文化政策中与贸易相关和无关的两个层面之间的不同来考察上述的各方面（除旅游之外，旅游已在第 8 章中有所论述）。

文化贸易

从有贸易开始，文化产品的国际贸易也就开始了。事实上，现在很多文化贸易仍然保留着艺术品、文物等文化产品在国际流通中的长久传统。然而，三个方面的发展使得文化贸易的性质从 20 世纪下半叶开始发生了变化：服务贸易的扩展、国际贸易协定框架的变化以及互联网的出现。本节要讨论过去十年中以及未来发展中的有形和无形的文化产品贸易。①

文化例外（cultural exception）

文化产品和服务一直是国际贸易谈判中的一个重要方面，也是在进行政策决策时经济价值和文化价值之间发生冲突的重要原因。以影视等视听产品的国际市场为例。一方面，美国等国具有规模生产能力而且认为世界上很多市场都有利可图，所以更倾向于反对国际贸易协定中任何有可能限制其进入当地市场的规定。另一方面，很多进口国看到本国文化受到国外产品的冲击，以至本国的文化产业如果没有采取某种形式的保护就无法与之竞争。因此，一个根本的问题是：在贸易谈判中应该只考虑经济利益并把文化产品简单地当成普通商品来对待，还是应该考虑到这些产品所包含的文化价值，尊重它们在文化价值的传播中所具有的定量和定性的两方面影响。

对这些问题的探索可以追溯到第二次世界大战后开始的关税和贸易总协定（GATT）谈判。1947 年所确定并到今天仍然适用的一些 GATT 的基本原则是：

- 降低关税；
- 平等对待不同国家的进口，也即所谓的“最惠国待遇”；
- 平等对待进口产品和本国产品（国民待遇）。

GATT 原本是针对所有商品的；不过在最初谈判时由于法国的坚持，

① 有关这一领域的概述，见艾奇逊和莫尔（2006）。

增加了一条（第四条），即允许各国实行屏幕配额以保护本国的电影产业。除此之外，GATT 对文化产品并没有特殊待遇。然而，“文化例外”一词还是被广泛使用，以表明在贸易谈判中文化所受到的区别对待。例如，在美国和加拿大于 1988 年签订自由贸易协定时，两国达成了一项文化例外协议，但事实证明其效果很有限。[①]

在 1993 年成立世界贸易组织（WTO）时，法国和加拿大提出一项将视听媒体排除在 WTO 程序之外的文化例外，但这项议案没有被通过。不过 1995 年签署的服务贸易总协定（GATS）还是允许对视听产品予以灵活对待。特别的是，各成员国可以自行决定是否对某些特殊服务贸易的市场准入、最惠国待遇和国民待遇等问题作出承诺。大多数国家没有选择对视听产品作出这种承诺，而是坚持现行的文化政策。然而，这些规定只是临时性的，后来还会作进一步调整。不过，此后的进展非常缓慢，尤其是 2008 年年底多哈会谈的失败让谈判遭受了重大挫折。

认为应该对文化产品和服务区别对待，并接受“文化例外”这种建议的理由可以概括如下：

- 文化产品所包含的象征性信息超越了一般产品的纯商业价值，以至于普通的市场程序无法完全将其价值传递给社会。
- 文化产品对国家认同这一表述极其重要，因此对它的保护是符合公共利益的。
- 品种繁多的国产文化产品对文化多样性非常重要。
- 文化产品可能会受到价格低廉的进口产品的倾销，因此应该受到竞争法的保护。

---

① 有关从加拿大的视角看文化贸易的讨论，见格兰特和伍德（2004）第 16 章。

• 如果发展前景预示着最终的自给自足，那么某些文化产业可能享受幼稚产业的保护 。

反对“文化例外”的论点如下：

• 专业化和比较优势限制了从贸易中获益，因此保护意味着市场扭曲和经济低效。

• 保护是一些游说的文化利益集团所寻求的法律佑护，特权集团的寻租行为因而得以实现。

• 保护是对消费者主权的否定和对个人自由选择权的剥夺。

• 对文化进口的鼓励可以促进文化的多样性。

• 文化保护实际上掩盖了一些更深层的意识形态主张，如反美主义、反全球化等。

上述正反两方的观点涉及经济、文化、意识形态和伦理等领域。可以这样讲，如果单纯从经济角度来考虑支持或反对“文化例外”的话，反对的观点可能会占上风，至少原则上是如此；而如果纯粹从文化角度来考虑的话，则支持的观点可能会略胜一筹。但从伦理的角度来看结果不很清晰，它取决于个人的自由意志和集体选择之间较量的结果。传统上的贸易谈判总是关于经济的，无论是 WTO 中的多边谈判，还是近年来经常出现的双边自由贸易谈判。任何认为在决定游戏规则时应该把文化价值也考虑进去的建议都会被经济学家们认为是有碍效率、妇孺心肠和不切实际的。然而，事实是文化身份、自我认同、自尊等对人们是非常重要的，而文化贸易会对这些价值产生一定的影响。因此，在这一领域进行经济政策决策时应该低调处理经济目标的优越性，而接受这样一个事实：不同社会的最终需求不仅仅是物质上的追求。①

建立文化贸易新秩序的世界

值得注意的是，上述“文化例外”的正反两方观点都承认文化多样性这一概念。反对方认为如果没有进口限制的话，国内消费者可以享受多种不同的文化产品；而支持方则认为开放会造成市场被少数大供应商垄断，而慢慢将国内小生产者逐出市场。这样，一个具有讽刺意味的情况是，寻找处理文化贸易新途径的一个重要原动力来自于文化多元性，并且作为地方、国家和国际文化发展的一个关键因素为国际社会所关注，而且这种关注正日益增加。我们会在下一章具体讨论文化多样性这一问题，这里我们主要关注文化多样性和贸易之间的关系。

一些国家，尤其是发展中国家对现行的协调文化产品和服务贸易中经济与文化关系的国际贸易体制感到失望，导致了联合国教科文组织的《文化多样性公约》在 2005 年问世并于 2007 年实施。该公约为文化贸易设立了新的准则，为解决 WTO 和 GATS 框架下视听产品及其他文化产品贸易中存在的问题和分歧提供了可能性。

公约的名称中使用了“保护”一词。在解释这一用法时，有必要先对“保护”（protection）和“保护主义”（protectionism）进行区分。后者通常是指为使本国不太有竞争力的产业免受国外竞争的冲击而采取的一种贸易限制。一般说来，本能的“保护主义”所产生的成本会大于收益，无论它所使

---

① 有关支持和反对文化例外的两方观点，分别见德拉克洛瓦和波尔农（2005）、高尔特（2004），另见法尔基（1999）、贝纳姆（2006）。

用的保护就业等辩词有多么高尚。其次，文化保护主义可能让人联想到不太受欢迎的“文化孤立主义”（isolationism）。公约不鼓励上述任何一种形式的保护主义。相反，该公约所推崇的保护含有用心照料某种具有价值的东西的意思，比如“儿童保护”。

从该公约起草一开始，捍卫脆弱的文化表达就是公约的重要目的之一。公约很含糊地认为对文化的威胁来自于“全球化”（globalisation）。事实上，视听媒体产业中一些跨国企业所造成的市场垄断才是真正值得担心的。在公约最后的定稿中，该公约允许签约国采取措施保护和保存那些“存在灭绝危险、面临严重威胁或者需要紧急捍卫”的文化表达（第 8 条第 1 段）。各国政府在试图实施公约的各项规定时，该如何理解这些词语？可以参考下述内容：

（1）受保护的对象是什么？一方面，对那些由有形文化资产（如文物建筑、古迹、艺术品和仿制品等）以及由无形文化资产（如语言、传统、仪式等）所产生的文化表达来说，它们所需要的保护是很直接的。另一方面，对那些通过文化产品和服务的生产和消费活动，如表演和视觉艺术、音乐、文学、电影、电视节目、视频游戏等才能感受到的文化表达，它们所要求的保护则是有关的产品、服务和活动的生产和消费的过程。

（2）威胁：“威胁”的字面意思是“可能伤害（到）”，或对某人或某事“是一个危险来源”。对文化表达来说，威胁可以来自一个国家的内部或外部，其来源可以是经济的、文化的或自然的。从这一点来看，可能对文化表达的多样性造成威胁的种类如表 9－1 所示。

经济方面威胁到当地文化表达的最明显的例子是竞争压力对电影、电视节目、音乐和其他视听产品的生产和消费造成的影响。文化威胁的例子则可能是一种占主导地位的国家或国际语言对少数语言的排挤。

表 9－1　　对文化表达的多样性可能造成的威胁

	经济的	文化的	自然的
外部的	来自国际市场的竞争；文化产品的“倾销”	文化符号的影响或进口产品所含的信息	气候对文物建筑和古迹的损害
内部的	需求不足 市场萎缩 生产成本高	消费者对当地文化表达的漠视	对有形文化资产疏于维护

很显然，经济和文化威胁及其后果是相互交融的。经济威胁可能只有经济方面的后果，比如国内收入的减少、出口创汇的削弱和失业等。经济威胁也可能会造成文化方面的影响，比如文化认同的丧失或者文化表达多样性的萎缩等。同样，文化威胁可能会带来经济方面的后果，比如由于受到国外文化的强烈影响使得消费者品位逐渐远离本国产品，也可能只有文化方面的影响，比如将鲜活的文化转换为旨在吸引旅游者的迪士尼乐园的体验。

(3) 需要紧急捍卫：这一用语意味着对象是脆弱的，即容易受到伤害；而捍卫则意味着提供安全保障或免受伤害。脆弱可能来自上述表 9－1 中的三个方面。

第一，经济方面的脆弱有可能发生：

• 如果与国外竞争者相比，国内文化生产的规模太小或者生产成本太高；

• 如果国内市场太小或者对国内文化产品的需求不足；

• 如果国内文化产品不能得到充分的配套支持—这种配套支持可以是管理或创业技能的提供、融资服务、市场推广和分销渠道的建立等。

第二，文化方面的脆弱可能是由于公众对维持某一文化表达的兴趣不足，或者掌握某一传统知识的人正在老去却无人继承。

第三，有形文化资产的自然方面的脆弱则可能是由于衰变的过程和时间的作用。

如何理解“紧急”一词？面临某种程度的威胁或文化表达的多样性在某种程度上的减少可视为国内和国际事务中正常的经济和文化活动的一部分。然而，如果所造成的损害是长期的或永久的，并且这种损害将来可能难以修补，那么后果就比较严重，因而需要立即采取补救行动。例如，将某一传统音乐吸收到世界音乐宝库中，有可能严重破坏该国长期保护艺术家在这一领域的才能和技巧的能力。

（4）灭绝的危险：灭绝的危险是指某一文化表达完全消失，就像生物物种一样，这种消失是永远的、无可挽回的。因其后果是不可逆转的，在这种情况下需谨慎对待，必须采取预防措施，作出正确决定。在有形和无形的文化资产方面，关于灭绝的危险一个最明显的例子是文物建筑的毁坏或传统语言的失传，虽然其他形式的文化产品、服务和活动也有可能发生，但它们一旦消失则减少了文化的多样性。

《文化多样性公约》是否能为困扰文化贸易的诸多问题提供一个长久的解决办法还需假以时日。虽然公约并不强求签约国一定要采取措施保护脆弱的文化表达，但它仍是解决世界贸易体系中贸易和文化之间潜在冲突的第一步。不过，对公约的签字国——它们中大多数也是 WTO 的成员国——来说，寻找一条将公约与 WTO 准则结合起来的道路，仍是一大挑战。[①]

重要文化物品的国际流动

文化产品和服务贸易中一个经常引起人们关注的方面是有重要文化意义

① 有关这一讨论，见帕潘德雷亚（2005）、格雷伯（2006）、哈恩（2006）。

的艺术品或人工制品的国际流动，无论是实际发生还是可能发生的。这类贸易大部分发生在经销商、博物馆和收藏家之间，而且一般不会受到公众关注，除非所涉及的金额引起公众猜测。① 有两种情况会引起公众关注：当所谓的“国家珍宝”有可能被出口到国外，以及某些具有文化意义的物品可能回归其原始国。

在第一种情况下，如果某一重要文化物品的所有者打算将其销售给国外买家，政府会要求先对该物品进行评估，然后才可能向文化物品的所有者颁发出口许可。例如，英国的韦弗利标准（Waverley Criteria）就是一项利用审批暂缓艺术品出境英国的规定，用来评估某一物品是否对国家的文化传承具有重要意义，因而其出口应该被延迟以便寻找其他办法将其留在国内以供公众鉴赏，国家将其购入收藏之中。这一标准包括以下问题：

- *该物品是否与国家历史或人民生活紧密相连以至它的离去是国家的不幸？*
- *该物品是否具有重要的审美价值？*
- *该物品是否对某一类别的艺术、研究或历史具有重要价值？*

一个旨在平衡所有者权利和保护国家文化遗产这两者之间关系的独立专家委员会做出最后决定。多年来，这一标准将许多重要的艺术品留在了英国，而不是被输出到国外。②

重要文化物品的国际流动的另一方面是文化财产的遣返。自 1816 年起就被伦敦大英博物馆收藏的埃尔金大理石雕（Elgin Marbles）或许是一个最广为人知的例子，但近年来还有很多其他不太为人所知的文物或艺术品从

---

① 有关国际艺术市场的概述，见罗伯逊（2005）。

② 文化、媒体和体育大臣每年向英国国会就“具有文化意义的物品”的出口提交年度报告，见 DCMS（2007b），另见莫里斯和特诺（1992）。

被收藏的博物馆送回到位于世界各地的家乡。很多因为殖民、考古或人类学探险而获得的文化财产的大博物馆已经开始意识到这些收藏对其创造者的后代子孙的重要意义，并与其达成了遣返协议。[①]

国际文化关系中的非贸易问题

文化交流

非贸易形式的国际文化转移和交流有很多种方式，包括：

- 艺术家们为了寻找创意和追求更好的收入而来往于不同国家。例如19世纪末很多画家迁往巴黎，20世纪很多演员和电影工作者奔赴好莱坞。
- 很多表演公司、音乐团体或个体艺术家进行国际巡回演出。
- 博物馆和美术馆组织展品在世界展出，并安排馆员的国际间交流以提高他们的职业素养。
- 不同国家的电影制片公司和发行人达成共同出资协议以拍摄影片或电视节目，并在多个国家播放。

这些活动很多是出于纯粹的艺术或商业动机，但也有的是因为政治方面的考虑而鼓励文化交流。特别的是，政府认为让公众更多地接触国外的艺术和艺术家，从而提高艺术修养、促进教育和文化发展是件有意义的事。这样，某一艺术拨款机构可能会资助某一国外展览在公立美术馆举行，或者为

① 详见格拉斯（2004）、格林菲尔德（2007）。

某一国际艺术家的乡村音乐节提供资金上的帮助。

政府更感兴趣的是另一个方向的国际文化交流。将某一国家的艺术和文化介绍给其他国家的观众被认为是国际关系中的一个重要方面。政府向某一地方剧团或交响乐团的国际巡回演出提供资助的动机可能是完全利他的，目的在于推动文化的国际对话和理解，其重要结果是提高本国的国际形象、营造和谐的外交关系。[①] 不过，或许还存在一种隐藏的（或者不那么隐藏的）经济动机，即改善本国的贸易前景。谚语所说的“文化开路、贸易随行”所表达的更多的是一种愿望而不是事实；不过，至少可以这样说，提高对外文化交流的理解和对话更有可能促进而不是妨碍贸易关系的发展。

另外，国际文化关系后面可能还存在着更深刻的政治或外交动机。文化是所谓软实力（soft power）的一个重要组成部分，[②] 即把合作、文化接触、教育节目等软实力，而不是进攻、强迫和展示军事力量等硬实力（hard power）作为外交政策的手段。使用非军事手段来影响其他国家，这方面有很多例子，例如《美国之音》广播在冷战期间将西方的信息传递给苏联就是一个很好的例子。文化交流还被认为在打破“铁幕”方面具有重要影响。[③] 近年来艺术和文化在“软实力”较量中的作用更多见于世界各地。实际上，诸如英国文化协会、歌德学院、日本国际交流基金会和法语联盟等组织所开展的活动与软实力理论是一致的。[④]

---

① 有关文化交换作为提升一国形象的手段的讨论，见贝拉米和温伯格（2008）；早期（1950年代）的案例研究，见 Prevots 和福纳（2001）。

② 详见奈（1990，2004）。

③ 见里士满（2003，2005）。

④ 有关亚洲的例子，见林（2007）；他认为日本利用其流行的文化形式，如卡通和漫画，在其与中国的关系中塑造了一个“软”形象。

文化对话

人们对把文化对话作为文化政策的元素之一的兴趣可以追溯到1946年联合国教科文组织宪章的制定，这一宪章的制定表达了各国基于相互了解，为和平和发展而共同合作的必要。20年后《国际合作的原则声明》（*the Declaration of the Principles of International Cooperation*）确定了包括所有的知识性和创造性活动在内的国际文化关系作为各国人民传播知识、发展友谊、维护和平以及提高物质和精神生活的重要手段。虽然从根本上讲该声明关注的是各国家之间而不是各国家内部的关系，人们还是可以清楚地看到，该声明的出发点是建立在对话对达成相互理解来说是至关重要的这样一个基础之上的。

欧洲比较文化研究院（European Institution of Comparative Cultural Research，ERICarts）向欧洲委员会提交的一份报告中对文化对话做了非常有效的说明。该报告是这样定义文化对话的：

> 具有不同文化背景的个人、团体和组织之间开放和诚实地交换和互动。[①]

ERICart 报告接下来对该词的外延进行了概括—文化对话不是简单的语言交换，而是旨在加深对多样性前景的理解、扩大参与、提高质量及提升创意。

对话不是一个抽象的步骤，而是真实的人与人之间的互动，认识到这一点很重要。首先，应该认识到参与文化交流和对话的群体之间存在着共性和差异，这种异同可能很微妙。文化对话可能发生的一个必要前提是认识到使

① ERICarts（2008：xiii）。

人不异于他人的人性共同点；同时也使人认识到，文化多样性所固有的差异性对个体和某一文化的独特性的影响。

虽然初衷是好的，文化对话并不一定简单明了。它需要人们放弃脸谱化，放弃给某一文化群体贴上简单的标签，比如宗教或语言。它涉及很多当事人，比如政府和非政府组织、其他民间组织以及很多独立的个体。它可能发生在很多层面上，国际的、国家的、地区的以及当地的。很重要的一点是，对话是有风险的。正如阿琼·阿帕杜莱（Arjun Appadurai）所指出的，(对话）有不理解的风险，也有透露“太多”、太理解的风险。他认为，对话是一种谈判，因此也就存在当内部差异使得共识无法达成时，该谈判可能只代表某一特定团体利益的风险。[①]

尽管存在上述问题，毫无疑问的是，正如个体之间的对话是人际关系的一个重要组成部分一样，如果运用恰当的话，文化之间的对话是促进文化间的理解和相互尊重的重要手段。它在未来很可能会成为国际文化政策的一个重要组成部分。

结语

本章审视了艺术和文化进入国际经济的多种方式，从文化产品和服务贸易引发的长期紧张态势，到将艺术作为外交政策的一种工具。我们讨论了准确评估局势以便做出正确决策的方法。像以往一样，我们指出，当涉及有关文化价值和经济价值两个层面时，清楚地界定经济价值和文化价值之间的差

---

① 详见阿帕杜莱（2006)。

异有助于决策的推行。有时候，这些价值可能看似相斥，比如贸易谈判中可能会涉及的“文化例外”，而有时候它们又是统一的，比如国际文化交流同时也会带来经济效益。无论是哪种情况，对两种价值进行理性分析是做出正确决策的必要前提。

我们注意到，联合国教科文组织《文化多样性公约》的生效给国际层面的文化政策带来了重要的新视点。该公约涉及本章所讨论的许多问题，并对文化多样性作为现代社会中文化政策的一个关键因素予以更广泛的关注。我们将在下一章讨论文化多样性在国内事务中的角色及其与经济政策的关系。

第10章 文化多样性

世界比我们所想象的还要荒谬杂乱。

无可矫正的繁复——我剥开一个橘子，吐出橘核，有一种一切事物无常的迷醉的感觉。

路易斯·麦克尼斯：《雪》，1935

引言

不管是被叫作多元文化、杂文化、跨文化，还是别的什么称呼，文化多样性这一概念对不同的人来说有不同的内涵。对有的人来说，它是不同社会团体之间紧张和敌意的起源，甚至会引起憎恨和暴力。而对另外一些人来说，它意味着对人类生活丰富多样性的一种欣喜的认可，是通向更伟大的对话、互相理解和创造性的一条大路。不管从哪个角度看，文化多样性这一现象，在近些年已经发展成为国际和国内文化政策中的一个重要特点。

本章将考查文化多样性这一辩论的起源、它在 20 世纪下半叶的发展，以及如何最终促成了联合国教科文组织的《文化多样性公约》的制定，此公约在前面章节中已经讨论论过。该公约如今已在实践中提供了一个合适的框架，在该框架下我们考虑多样性在当今世界的文化政策制定中的角色，而首先我们必须考虑的是价值和价值评估这一长远问题。

文化多样性的价值

激励文化多样性的国际关注是一种共识，因为各种原因文化多样性是有价值的。价值从何而来？在经济学术语里，文化多样性可以被诠释为文化资产的一个元素，它是能带来有价服务流（flow of valued service）的一种无形资产。我们可以把它和其他文化资产放在一起，与自然资产作横向比较。近年来，文化多样性渐渐被拿来与自然界的多样性——生态多样性做比较。

随着科学家对生态多样性的价值阐明得越来越清楚，我们将这一类比运用于文化多样性价值的阐述中。这一实践过程，呈现了文化多样性价值的四种来源[①]。

首先，我们知道生态多样性具有自身的价值。出于其审美价值或单纯的对物种的丰富性的了解，人们欣赏地球上动植物的无限多样性。同理，我们认为文化和文化表达的多样性也有同样的重要性。从经济角度说，这些价值源于多样性的存在带来的公共产品——了解生态和文化多样性可以使生活丰富多彩这一简单道理，人们会从中受益。

第二种价值来源于文化世界就像自然界一样的互相关联性。没有一种物种是孤立存在的，如果物种互相孤立，它将停滞、死亡，文化也是如此。生物学和文化领域的关系网都是有价值的。如果这个网被破坏了，多样性就会消失。

进一步说，自然界和文化界的“生态系统”是经济活动的必要支撑。过去的十年中人们逐渐认识到，经济和组成自然环境的空气、土地、水系统之间的依附共存。近年来，我们越来越理解到文化生态系统，这张将文化联系在一起并赋予人类生活重要意义的关系网，在生产、消费和交易活动中是同样重要的。这就是第三种价值来源：人们不是活在真空中的机器，如果文化基础设施断链了就不会有经济效率。

最后，某些物种可能还有未发现的经济效益，这也是生态多样性的价值。任何物种的消失，社会都应该有所顾虑，因为这可能引起未来的经济成本或是机会损失。类似的主张也适用于文化领域：特定的文化表现可能有还

---

① 关于文化多样性测度问题的讨论可以在本哈莫尔和佩里提尔（2007）中找到；还可以参考第 14 章中的文化多样性统计。

未证明的经济和文化价值。因此，文化多样性给未来带来的开放选择是很有价值的。并且，正如我们在第 6 章中提到的，为保护这些选择需要采取预防性措施，当某些文化资产遭到永久流失的威胁时，需要特别地警觉。

这些利益表明，像我们在考虑其他方面的文化资产一样，我们可以将同样的双重价值运用于文化多样性。换句话说，多样性既带来经济价值也带来文化价值，对这一领域内政策的评估都应该用这两种价值来衡量，这一点我们下面还要谈到。

现在，让我们探讨近年来多样性这一主张是如何在文化政策中演进的。

多样性的起源作为文化政策的一个方面

第二次世界大战结束后，联合国教科文组织一成立就开始关注对文化多样性的讨论。联合国教科文组织对多样性理解的演化可分为四个阶段：[①]

- 最初阶段，也就是 20 世纪五六十年代，那时文化政策主要关心的是艺术，文化的多样性和复杂性充其量只是国家间的一个问题。
- 冷战阶段，这一阶段的特点是文化被诠释为一种身份，各个国家可以诉诸不同的文化装扮（cultural make-up），把它作为对抗帝国主义思想的工具。
- 20 世纪 70 年代和八九十年代，这是一个将文化和发展联系起来的阶段。
- 近年来，文化多样性的含义越发丰富，发展成为包容民主和人

① 详见斯滕尔（2007）。

权基本概念的一个阶段。

当今时代，文化多样性这个概念被赋予多重含义，并带来各种政治、文化、经济以及社会反应，它大致可以分成两大类。

第一种是在国家之内看文化多样性，尼纳·欧布基恩（Nina Obuljen）这样形容这种方法：（它）将个人看成具有多重身份和复杂文化特征的潜在共同体，并最终构成了国家或其他形式的身份。这种方式注重于基本人权、推崇文化民主、各群体的平等参与（民族、性别、语言、种族、性取向等等）。[①]

第二种是在国家间考虑文化多样性，侧重于文化间对话、交流、国际经济参与的公平性，以及如何应对全球一体化带来的文化同化。

在实践层次，过去十年中人们对文化多样性的政策关注有稳步提升，尤其是在嘉维尔·佩尔兹·德·库尔纳（Javier Perez de Cuellar）领导的联合国世界文化和发展委员会的促进下于1994年完成了几份报告。委员会的报告《我们创造性的多元化》以及《世界文化报告》，奠定了在国内和国际上文化多样性的广义基础。[②] 在斯德哥尔摩召开的有关文化发展政策会议的最后公报中，这个问题被作为一个引导性政策方向得到强调。[③]

这些因素在联合国教科文组织起草《世界文化多样性宣言》时被纳入议程，宣言在2001年底被教科文组织大会通过。此宣言提出，跨文化对话是和平的最好保障，反对那种认为“文明的冲突”在当代世界是不可避免的主张。[④] 然而，联合国教科文组织各成员国采用了一些什么样的措施来保护文

① 详见欧布基恩（2006：22）。

② 分别见WCCD（1995）、联合国教科文组织（1998a：2000）。

③ 见联合国教科文组织（1998b）。

④ 见亨庭顿（1996）。

化多样性呢？宣言的12个章节涵盖了身份、人权、创造性和国际团结。这些元素合在一起，形成一个当代国际讨论文化多样性这一主题的复杂报告。按照这个文件，文化多样性可以这样定义：

- 多样性体现在不同社会和群体的“独特性和复杂性”中，也是人类遗产的一部分。鉴于文化本身和实现人类远景之间存在不可分割的关系，文化多样性被认为是发达国家和发展中国家促进经济、社会和文化发展的一个重要因素。
- 促进文化多样性的同时，必须尊重人类的基本权利。没有人可以援引文化多元性来维护“传统”文化，来否定女性或少数群体的基本权利。
- 必须认可电影、艺术品、电视节目、音乐制品等文化产品和服务的独特性。这些产品和服务除了是一种商品以外，还担任文化传播者的职能。由于文化产品和服务来源于人类的创造性，在对创造性活动和文化产品的生产和传播有利的情形下，文化多样性也就会得到提升。
- 最后，教科文组织成员国重申，为了让文化多样性带来的利益达到世界各地将进行国际间合作和对话。公共机构、私营组织和民间团体都将参与其中。

《世界文化多样性宣言》描绘了理想世界的瑰丽景象。在那里，各种族、各社会阶层、不同经济发展阶段的人们和谐地生活在一起，表达着各自的文化特性，同时又和其他文化背景的人们进行对话和有成效的交流。然而，第三个千禧年的头两年，现实世界离这一愿景还有很大差距。冷战或许已经结束，但是新的不稳定因素已经出现。恐怖主义在滋长，媒体每天在提醒我们：在世界的很多地方暴力和紧张都在影响着人们的日常生活。在这些情况下，《世界文化多样性宣言》的所有良好愿望都会被轻易地当成空谈。受现实警示，教科文组织成员国意识到，除了一个宣言以外还需要更多的东西。随后，一个致力于在联合国体系下建立一个能够集结和调动全世界力量的新国际公约的流程开始了。

联合国教科文组织大会流程

建立一个关于文化多样性的新的国际法律措施的倡导，促成了《世界文化多样性宣言》附件中行动计划的第一段[①]。对这样一个公约的倡导已经有一段时间了，但依然存在三个互相联系着的压力：

- 处理国际贸易中文化产品和服务贸易的现存机制已不能有效运行，如前所说，需要一个涵盖文化贸易的单独措施；
- 存在一种考虑：全球化正在从广泛的意义上侵蚀人们的文化身份意识，公约可以提供一个平台来评估文化在国内和国际政策界的角色；
- 存在一种关于第三世界国家在发展经济文化的同时正遭受损毁的深思，这些国家实现可持续发展之路的兴趣，可以通过文化多样性国际条约中的特别发展条款实现。

鉴于国际磋商中达成共识通常是一个曲折和漫长的过程，文化多样性公约从初稿到最后生效可以说是闪电般的速度。2003—2004 年一个专家委员会开展了第一步工作，对公约的范围开展了广泛的讨论并形成了一个提交给下一阶段的草案。2004—2005 年一个政府间委员会讨论了这个草案，并接

① 见联合国教科文组织（2002：6－7）。

受其内容（但也有不接受的方面）。到 2005 年中，委员会对文件文本达成了最后的共识，并提交给了当年 10 月的联合国教科文组织大会。在大会上，148 个成员国投票通过公约，只有美国和以色列投票反对，另外四个国家弃权（澳大利亚、洪都拉斯、利比里亚和尼加拉瓜）。[①] 不到两年，有足够数量的签署国批准了公约，并于 2007 年 3 月生效。

公约的最终采用提供了对文化多样性的一个具有共识的定义，这一定义对文本初稿基本没有什么改动。公约的第一段第四款对这个基本概念有如下定义：

> "文化多样性"指的是各种群体和社会的文化得到表达的多种方式……通过各种文化表达，人类文化遗产得以表现、积累和传承；不仅如此，还通过各种模式得到凸显，其中艺术家以各种形式和技术来创造、生产、传播、输送和享用文化。

并且，公约的绪论、目的和原则明确认可了文化产品和服务的经济价值与文化价值的区别。例如，公约绪论中有一段引用了教科文组织成员国的论断："文化活动、产品和服务既有经济也有文化性质，因为它们的传播身份、价值和涵义，因此不能被当成只有商业价值来对待。"类似地，公约第五条中第二款也谈到，文化方面的发展和经济方面的发展同样重要。

政策含义

如上所述，尽管联合国教科文组织《文化多样性公约》起源于文化多

① 随着联邦政府在 2007 年 11 月的改变，澳大利亚开始改变了之前的立场并于 2009 年 9 月批准了公约。

样性，该公约也可以被称为是一个文化政策公约，其文本明显涵盖文化政策的各个领域即为有说服力的证明。公约提供了一个框架，在这个框架下可以建立一套完整的、国家层次上的文化政策措施。在当前政策制定时普遍狭义地以经济议程为主导的世界里，其国际层次则是致力于提升文化的位置。

在国家层次上，公约阐述了采用文化政策措施的各方的权利（第6款），其中包括：

- 以支持和保护艺术、文化活动为目的的财政和政策措施；
- 促进自由交流和传播思路，鼓励创新的措施；
- 支持艺术家、非政府组织和公共艺术机构的措施；
- 增进媒体多样化的措施。

公约的其他条款对上述措施有更具体的表述，其中包括维护和保障弱势文化表达的方法（第8款），这一点前章已讨论过；促进教育和公共意识的战略（第10款）；文化和可持续性发展的整合（第13款）。本书12章将对此做进一步讨论。很多和文化多样性相关的国内政策可纳入社会政策的范畴，这对增强社区关系、培养社会凝聚力等都有影响。在这个意义上，创造性艺术作为打破人们之间的隔阂、促进互相理解的一种手段，发挥了重要的作用。[①]

文化多样性公约界定的文化政策的国际维度包括以下方面：

- 成员国之间在文化政策实施经验上的信息共享；
- 促进文化交换和联合；

---

① 参见之前（第7章）关于城市生活艺术的讨论；有关公共基金在这方面的角色见纳士顿(2003)。

- 国际合作：通过增加市场准入、合作、容量积累和技术转移来发展发展中国家的文化产业；
- 为第三世界国家的文化发展提供财政支持，特别是通过成立一个由联合国教科文组织管理的文化多样化国际基金。

如上所述，公约提供了一个增强文化多样性的特别导向，以及鼓励文化政策在国内和国际层面的立法。但是公约有一个比较隐晦的引申，那就是文化贸易，本书第 9 章对此有所概述。对于商谈过程的一些参加者，尤其是美国，贸易是至关重要的大问题。有媒体将公约在 2005 年 10 月的压倒多数通过的情况，描述成对美国立场的胜利，以及其他希望保护本国文化产业的国家的胜利。随着公约实施的推进，可以看到它的各种后续反应是如何自相调节的，其焦点将集中在文化多样性这一渗透整个流程的关键因素上：它本身是否确实会因为公约的存在而得到加强；如果得以加强，是否又能看到由此带来的预期利益。

结语

本章将文化多样性作为文化政策在国内和国际层次与经济政策互动的一个特殊组成部分来思考。我们的讨论基于联合国教科文组织文化多样性公约提供的框架。如上文所说，公约明示了各国在尊重基本人权和自由的情况下，制定文化政策以培养创造性表达和促进文化多样性的积极性的权利。它特别关注对文化和经济可持续性发展的需要，并提出了国际合作和团结的机制。公约涉及对文化多样性的威胁；不过，如果一些弱势文化表达濒临消亡或受到严重削弱，那么国家肯定有权采取保护性措施，否则这些威胁将出现。

公约的一个隐含的目的是通过文化来促进和平与善举。人类只有和平共处才有未来，现今世界格局可能接受这一警示吗？在各种各样的批评者越来越刺耳地宣扬除了自己以外别人都是错的，并且越来越强烈地企图说服或者强制别人和自己一样的年代，宽容这一中庸的美德好像离我们很遥远。在这种情况下，教科文组织的这个乌托邦式的公约可能像个不切实际的梦。然而，人类总是发现，梦想对展望未来是至关重要的。艺术家是最好的梦想家——作家、画家、音乐家、杂耍艺人、说书人，他们投入创造性的生活，为我们创造出文明的诗篇。或许我们从此可以得到一些希望。不管他们来自哪里，他们是那些可以教导我们不仅仅要接受差异而且要将它当作人类文化多样性来庆祝的人。

第 11 章
艺术教育

伊芙琳：……我今晚在这里的任务是介绍我这学期的工作，进行讲解，然后微笑着握握手，你们其中的几个人留下来进行检查和评估等，其实就是由你们决定结果，这很好……我的研究生导师 5 个月前给了我下面这个建议：“……努力创造艺术，但也要改变世界。”我当时觉得这话很有智慧，所以，作为一个好学生，这是我着手要做的……

尼尔·拉布特：《事物的形状》，2001

引言

教育和文化紧密相关，以至于在某些方面教育政策和文化政策几乎可以视为同义。从最早期的学前教育开始，正式和非正式的教育过程就对形成文化价值、开发文化体验、刺激文化活动有着重要作用。由于教育和文化之间的这些紧密联系，在一些国家政府的文化管理被置于教育部之内。

虽然教育和文化之间广泛的相互联系众所周知，我们还是要在本章集中讨论三个主要方面：学校的艺术教育、艺术家的教育和培训，以及决定艺术商品和服务需求要素的教育。在这些领域文化政策的特殊作用是明确的。首先，我们简要介绍经济学如何应用于教育供给、需求和融资的分析。

教育的经济学分析

经济学家分析教育的基本概念是人力资本。从亚当·斯密时代到 20 世纪中期，经济学家认为，人类生产依赖于三大资源或投入——土地、劳动力和资本，其中后者涉及以厂房、机器、设备等形式的物质资本。到 60 年代，芝加哥大学的经济学家西奥多·舒尔茨和加里·贝克尔发展出人力资本理论。这一理论认为人的能力和技能由一个类似于物质资本的人力资本所组成，它在生产工程中创造经济价值。[①] 如果说人的大脑是一个资产，那么教

---

① 其原创文献是舒尔茨（1961）和贝克尔（1964）。

育可以看作是对这一资产的投资过程。舒尔茨和贝克尔认为，就像对实物资本投资会对经济体产生更高的生产力一样，通过教育对人力资本的投资也会改进人类的生产力。

人力资本的概念适用于对教育需求的个人和社会层面的分析。从经济学角度来看，教育对个人的影响可以通过展示个人获取新知识及对工作有益的技能，从而增加其生产力来观察到。这种生产力的提高可能使他（或她）获得比一个类似的但未受过良好教育的工人更高的收入。如果一个人中学毕业之后决定是否读一个有特点的证书是自愿的，那么这个人的决定可以用成本—收益分析方法来讨论，其中最初的投资是资本的成本，而投资的回报是由于教育而将产生的一生收入的净增加值的折现。

对教育的公共投资给社会整体带来类似的收益——与低教育水平的工人相比，一个受过良好教育的员工的生产力优势是明显的，它对产出和增长的作用是可见的。但是，教育的社会收益比仅仅计算劳动生产率的提高更加广泛。教育除了使受教育者本人受益以外，还可以产生显著的外差性的公共效益，并且为社会所享有。一个完善的教育体系是指在整个人口中建立起一个高水平的识字率和识数率。这种社会显示出社会和经济理想的多个属性，其中包括：

- 增加社会和谐；
- 减少犯罪和暴力；
- 政治过程的更优功能；
- 更低的福利成本；
- 更有效的市场；
- 更好的通信；
- 高质量的媒体；

- *世代转移之间更稳固的基础。*

此外，教育还是收入再分配的重要工具：通过义务教育贫困家庭后代提高打破贫困生命周期之能力。几乎在世界上所有的国家，儿童教育至少在小学水平是强制性和公益性的，而后者使教育成为收入再分配的重要途径。

教育产生无可置疑的社会和经济收益，一定程度的教育投资被普遍认为是政府的责任，但是私人的投资（如来自学生的收费）也是需要的。实际上，混合式的公共和私人基金在各国和不同教育水平之间对教育供给是有很多区别的。所有国家都实行一定水平的义务教育，因为这些支出产生巨大的公共利益。但是，有些国家对中学后教育的资助（如大学学位）完全是私人资助体系，而有些国家是免费的，这之间有很大的不同。对教育的公共投资一般应该以成本一收益评估原则为指导，其中的投资回报应该涵盖直接效益以及教育带来的更广泛的社会效益。混合式的公共和私人资金来源（至少在中学后阶段），将大致反映公共和私人之间的利益平衡。但是，公共和私人对教育在各种层次之间的资金平衡更多是由政治的而不是经济的因素所决定的。

以上的概念和分析方法将应用于我们讨论的艺术和文化教育的具体问题。

学校的艺术教育

就像教育通常为个人和社会带来收益一样，特殊的艺术教育也是如此。这些收益成为政府政策的基础，对学校的创造性艺术教学提供支持。在教育领域，公共筹资是最为重要的。由于个人和社会从青少年时期对音乐、戏剧、舞蹈、文学及艺术的受益仍然没有得到充分的确认，艺术成为边缘化的课程，或被视为奢侈品而非必需品。

关于创造性艺术对儿童教育（从幼儿园到十来岁）的作用，有大量的基础性和应用性研究成果。① 已经被确认的个体儿童受益包括以下方面：

- 创意和表现力的简单享受，自由地、不受约束地自我表达，自我发现，为自己着想的技能开发，如学习演奏乐器；
- 创新和创意思维方式的灌输和蔓延，并影响到其他学科（如数学和科学）的技能开发；
- 完善的社会互动，对他人更加宽容和理解，合作和团队能力增强，所有这些都可以由不同艺术形式的创造性活动来获得；
- 为日后获取更丰富、更广泛的艺术和文化经验奠定基础，重视美学、艺术和文化在人类生存过程中重要性的发展。

所有这些优势可视为对未来公民教育的一部分。确保这些利益及其他公共利益的实现为文化教育政策提供了直接诱因。

学校艺术教育作为公共产品对社会整体产生的主要收益有以下几点：

- 儿童创造性的培育和创新性技能的开发具有经济回报，它直接提升未来员工创造性的劳动生产力，或者间接地通过创意在整个经济中传播。
- 艺术教育通过多种方式对我们以上列举的教育的社会收益有所贡献。例如，艺术作为社会批评的重心发挥重要角色，这种重要性可以增强学生艺术教育的作用，灌输多种艺术欣赏方式并使之成为我们社会的一面镜子。

---

① 有关艺术教育研究的论文集，见布鲁塞尔（2007）。

- 艺术教育为子孙后代带来长期收益。例如，在年轻人中培养艺术欣赏能力可以增加未来对艺术的需求。

按照上述定义确定艺术教育是否存在公益性是一回事，而如何衡量它们又是另外一回事。近年来，经济学家使用调查的方法研究公众对所涉及的各种收益的支付意愿，并在测量公共产品需求方面取得了很大进展。基于这些研究成果，很有可能设计出一种评价体系来评估人们从艺术教育中获得的公共福利的价值。按照这个方法，至少可以从经济学原理上来检测艺术教育所产生的公共利益或非物质收益，这将成为政策指导的基础。教育的纯文化收益应该按照这种评估来解释，尤其是那些可能没有被完全反映出的支付意愿。①

政策干预可能带来什么？政府有很多途径实施对学龄儿童的艺术教育政策，其中包括以下方面：

- 从幼儿园到高中，从各种层面整合国家规定的创造性艺术课程；
- 为学校提供更多的资源（如视觉艺术材料、音乐乐器等）以及艺术教育的基础设施（如演出空间）等；
- 对艺术教师进行培训，以提供足够多受过良好教育的教师，并使教师感觉到有吸引力的职业前景；②
- 赞助艺术家的在校项目，以在不同时期都有不同艺术领域的专业的艺术家来到学校；
- 建立与公共或私人文化团体如画廊、博物馆、剧院、艺术家工

---

① 对艺术的内在素质估价可能需要调和学生的压力来证明艺术教育有助于提高学生的数学技能。有关讨论见格义（2007）。

② 这可能包括以下项目：让现有的老师离开学校去接受艺术实践训练；作为对学校的回报，他们作为艺术教师的能力将会明显提高。这方面的计划评估，见亚当斯（2003）。

作室之间的伙伴关系，以方便学校参观；[1]

- 儿童的休假计划，如音乐夏令营或文化旅游；
- 艺术教育的校外方案，运用艺术对儿童的健康及其他事项进行教育。[2]

这一类政策方案的提供一般涉及多个部门，资金的提供来自文化和教育预算并辅之以各种私人的资金赞助。

艺术家的教育和培训

对此我们可以进行两个层次的分析。个人艺术层面，我应该从事这项艺术职业吗？我需要多少正规的艺术培训？经济和社会整体层面，应该对艺术家培训提供多少公共赞助？我们是否提供了比专业的劳工市场更多和更有吸收力的艺术家？下面逐项分析。

从经济学角度来看，个人是否选择艺术职业的决定可以根据上述讨论的人力资本投资理论。准艺术家需要考虑为了培训将要支付的个人成本，这不仅包括培训费，而且包括在此培训期间退出劳动力市场的机会成本，以及相关支出，如购买材料（对画家来说）、设备（对陶艺工来说）或者乐器（对音乐家来说）。经济回报将由未来经济收益来测量：从艺术实践开始到其个人收入超过其他形式的收入算起。成本—收益分析可以用来衡量其经济回报

---

① 正如第6章所述，大多数文化机构（如公共博物馆和画廊）将教育列为主要目标，并承诺在教育项目上投入必要的资源；对评估这些项目的讨论，见洛斯（2003）、博纳福德（2007）。

② 一个例子是，利用戏剧和以戏剧为基础的活动作为向儿童传播社会和保健意识（如对艾滋病毒和艾滋病的认识）的一种手段，见达尔林普尔（2006）。

是否可以大于其初始成本。

在任何情况下这类计算都存在实际困难，但是，将这种方法应用于艺术家时会有一些特别的问题。首先，艺术家的预期收入可能相对较小且很难预估。其次，在任何情况下，非金钱动机很可能比任何经济奖励对艺术家推动其职业生涯更加重要。因此，可以得出如下结论：如果严格意义上的成本—收益分析法普遍适用于以艺术为生的人们，他们中的大多数人会选择医生、律师或商业银行家。换句话说，从表面上看人力资本模型对艺术家的职业选择不大可能提供一个有力的解释。[①]

然而，人力资本模型与分析艺术教育的经济影响相关。例如，我们可以问：早期的艺术训练对未来艺术家的收入有什么影响？在研究艺术教育和培训对艺术家收入的具体影响时，区别“创造性”收入和“与艺术相关”收入是很重要的。“创造性收入”是指那些来源于原创性工作或表演的核心艺术实践的收入。“与艺术相关”的收入来源于艺术家专业性但非核心的原创性工作；这种“与艺术相关”工作最普遍的例子是家教——画家组织一个绘画班，音乐家收一些小学生，等等。有关艺术家收入的调查分析表明，艺术教育（例如对艺术家各种形式的培训）对“与艺术相关”收入的影响比对核心收入的影响大得多。但是，培训与创造性产出的质量正相关。同时还发现，在职培训可能对艺术家收入能力有重要贡献，尤其是那些还没有进行正式训练的艺术家。[②]

下面我们讨论艺术教育的其他方面：专业艺术培训的社会效益和经济效益。让我们先集中讨论这个问题的一个特殊方面：创造性的作用。正如前面提及的，创造性正被不断认可为新经济的核心资源。如果艺术家是创造性思

---

① 有关艺术人力资源理论应用的讨论见托伍斯（2006）。

② 见索罗斯比（1992，1996）；有关艺术家收入和职业方面的实证分析见奥普尔和瓦萨尔（2006）。

想的主要来源，那么对专业艺术家培训的支持（通过其创造性对经济的贡献）会有最终的经济收益。这一看法在第2章和第5章讨论的文化产业的同心圆模型中已经解释过。如果艺术家的确是新经济重要的“内容提供者”，而且为富有创造性的人提供的技能主要产生于艺术教育和培训的领域，那么就有更充分的理由强化文化政策。

最近几年，创造性经济的演变以及劳动力市场的结构性变化都对艺术家的职业模式有综合的影响。艺术家的职业路径不再是线性的了，即不是通过培训再进行艺术实践。相反，在艺术活动及其安排的路径上，我们看到更多的是流动就业和自谋职业的从业人员。另外，艺术家将减少主要的创作活动，并将其技能运用于其他行业（有时是自己选择的，有时是出于经济需要的考虑）。例如，视觉艺术家为企业设计网站，演员举办人力资源管理方面的讲座，手工艺人在新的陶瓷或玻璃应用行业工作。这种例子越来越多。此外，不少艺术家在职业生涯的不同时期返回到教育系统，以更新、巩固或加强他们的艺术技能和知识。

关于艺术家培训，经常被问到的一个问题是：当已经存在供给过剩，而且劳动力市场已经显示很多领域不能吸收更多的入门者时，为什么我们还要培养更多的艺术家？通常的回答是：在创新艺术方面的资格证书并不意味着他（她）将成为一名职业艺术家。相反，这种训练可以视为技能的开发，以便使他们能够适应经济领域内的各个方面。大学、学院、音乐学院和戏剧学院等创新艺术专业的毕业生在各个领域展现出创新工作，他们的培训并不仅仅局限在核心的艺术领域，而是在更广泛的文化产业内。①

① 对此的案例分析见奥克勒等（2008）；还见阿斯顿（1999）、哈威义和贝莱克韦尔（1999）、本那特（2007）。

教育作为艺术消费的决定因素

文化经济学方面的不少研究一直希望了解社会对文化产品和服务的需求。艺术，不论是音乐、诗歌、戏剧、歌剧还是视觉艺术，都是一种即时性的需求尝试（taste immediately）。这一主张立即产生一个问题：这种尝试如何发生？文化消费者的家庭背景和传统对开发个人的艺术品位是至关重要的，这一主张获得了很多的支持。造成这种情况的一个很大因素是教育。[①] 有关表演艺术的观众组成的早期研究（如鲍莫尔和鲍恩（Baumol and Bowen）(1966)）表明，良好教育的群体所占的比例极大，此后该发现被复制无数次。

众所周知，教育与收入是强烈相关的。因此，有关艺术需求的研究需要处理一个“多重共线性”（multi-collinearity）的问题，以便理清相互独立的教育需求和收入之间的相互关系。有关该问题的实证分析见于布鲁斯·西曼(2006)，西曼对不同案例的分析得出相互矛盾的结论。其中一些研究证明教育比收入更重要，而另一些研究得出相反的结论。[②] 但毫无争议的是：艺术教育对个人品位的形成有着重要的影响，并从根本上影响到艺术消费方式。从文化政策的角度来看，这一事实对支持艺术的方式产生影响，并强化了上述讨论的各种艺术教育规划，还将延伸到一般成年人的艺术教育政策。

---

① 有关教育能否成为对艺术消费补贴的替代方面的讨论，见车曼帕纳尔德等（2008)。

② 详见西曼（2006：439－441)。

结语

文化和教育之间各种方式的相互交叉形成了文化政策的重要领域，而且有重要的经济意义。在本章我们曾经指出：艺术教育的经济和社会受益将累加给学生个人和整个社会，教育是否可以激发学童的创造能力并开发其创造性技能，高年级学生进行专业训练是否能形成一种艺术职业。使用投资收益分析法对艺术教育项目的收益和成本的评估能够对这些领域的政策形成提供有益的帮助。

与此同时，各种层次的艺术教育提供了强大的并对其本身有益的文化受益，这并不涉及任何经济上的原因。这使我们认识到，在考虑文化政策的形成时需要区别其经济价值和文化价值。艺术教育产生重大而多样的文化价值，在讨论艺术教育各方面的案例时，这些都是非常重要的。理解艺术教育和培训产生的经济价值和文化价值之间的关系，可以对这一领域形成一个完整和均衡的认识，并使政策制定更加理智。

第 12 章

文化与经济发展

要“大力发展文化产业，实施重大文化产业项目带动战略……繁荣文化市场，增强国际竞争力。”

胡锦涛，2007

引言

在某种意义上，文化在发展中国家比在工业化国家更接近其表面含义。毫无疑问，怀着对农业经济的美好愿景，成千上万的农民快乐而和谐地生活在农村。但是在相对贫穷的国家，这种农耕文化的美好愿景却一直与维持生计的惨淡现实相距甚远。生活在发展中国家，你不可能对传统文化、风俗人情以及人们的价值观视而不见，因为这些东西已经渗透到我们生活的方方面面，不管你生活在乡村还是城市。在这些环境中各种普遍存在的表达和对文化的认识是理所当然的，它们是日常生活的一部分而与政策关注的问题没有直接关联。至今为止，文化政策作为明确的政府行动在第三世界的许多地区几乎不存在，也许有一些对文化遗产保护的关注，或者对一些传统艺术实践的支持，或者一些促进艺术教育的努力，但是仅此而已。

但是，情况一直在变化。资金和劳动力在国家之间流动障碍的破除，互联网的兴起，市场国际化的增长——简而言之，全球化——已经对第三世界国家有深远的影响。正如第 10 章所述，正是对文化影响全球化的担忧，成为发展中国家推动《文化多样性公约》以及其中包含的文化支持建议的关键因素。此外，有明确的迹象表明，发展中国家的公共部门对艺术价值和文化活动在社区生活、独特文化身份确认方面的认识有所提高，并使得政府在支持这些活动中可能发挥更强大的作用。鉴于这些情况，许多贫穷国家正在认识到文化支持作为政府关注的重要性。①

---

① 引自英联邦中的发展中国家的一些插图，见英联邦基金会。

在本章，我们将讨论文化在经济发展及其政策执行中的作用，整合并延伸已经讨论过的文化产业（第5章）、遗产（第6章）和旅游（第8章）等有关内容。对于文化与经济长期关系的其他方面，我们将重点放在可持续性和可持续发展，它为我们的讨论提供一个框架。

文化发展

经济增长在政策发展中的核心地位（人均实际GDP的增加）已经占据了过去三十多年的发展思想，在80年代这种思想逐渐被一种以人为中心而不是以商品为中心的更为广泛的发展观念所代替。对不同国家发展水平的相关评估，已经从那种只衡量资源获取扩展到对诸如人口的发展水平、健康状况、识字水平、教育机会以及自然环境质量等各方面的综合评估。这种范式的转变在联合国开发计划署于1991年发表《人类发展报告》后特别迅速，该报告由经济学家阿马蒂亚·森撰写，他将发展视为“人类能力的扩展”，即提高人的能力以提升他们所需要的各种生活，这其中包括他们获得文化资源和文化参与的机会。[①]

在评估这些方案时，文化的特殊作用已经被世界文化和发展委员会纳为重点，参见本书第10章提到的1995年的报告《我们的富有创造力的多元性》。该委员会提出以人为本的发展模式中文化的基本要素，并提出将文化从发展思想的外围转变到中心位置。联合国教科文组织在其内容广泛的两卷《世界文化报告》（出版于1998年和2000年）中进一步叙述了这些进程。

① 详见森（1990）。

1998年，在斯德哥尔摩召开的文化政策和发展国际会议中150个政府代表出席，其会议公报指出他们将采取措施将文化政策纳入其发展战略之中。

第三个千禧年的最初几年，创意或文化产业概念的不断巩固为发展中国家的文化政策提供了一个新的起点。人们认识到在发展中国家存在大量的创造性人才，以及丰富的有形和无形文化资本。这些要素整合起来提供了一个资源库，各国可以提请制作在国内和国际市场上的创新性产品和服务。另一种解释文化在经济发展中的作用的方法可以被视为开放的可能性，其中文化和经济发展携手并进而且相互促进。①

对于我们理解文化产业在经济发展中的作用的两个重大事件，是2004年联合国教科文组织曼谷办公室，以及2008年联合国贸发会议提供的《创意经济报告》中提出的焦特布尔（Jodhpur）倡议。二者都将传统知识和独特的文化习俗视为决定这些行业的基本资源。这些知识和习俗包括歌曲、舞蹈、诗歌、小说以及图形和符号（这些国家和人民独有的遗产）；文化传统通过书面、口头、音乐和图片的形式代代相传，并使之保持活力。它们不仅存在，而且不断采用新的形式解释、重新演绎、增加内涵。作为可以从中获取各种创意表达的丰富文化资源，人们通过不同的方式使用它们。其中一些是例行的和日常性的，例如服装的风格和图案，艺术家通过使用传统和现代技巧制作音乐、艺术品、文学、表演、工艺品等来创造和解释其文化表达。

传统知识转化成创意商品和服务反映了这些国家和人民的文化价值的重要性。同时，这些商品和服务可能有经济潜力；它们可能是本地消费者所需要的，也可能进入国际市场以满足他国消费者的需要。价值链的一端是传统

① 对这些议题的综合性讨论有许多实际例子，参见巴罗克拉克和克鲁左一怀特的论文集（2008），还可参见马塔让斯索的论文集（2001）。

知识，而另一端是最终消费者，创意行业的主要特点是能够满足发展过程中的文化和经济目标。对发展中国家的政策形成来说，创意产业可以视为与可持续发展范式一致的，因为这些行业将发展的经济和文化要素整合在完整的政策框架中。下一节讨论文化的可持续发展问题。

文化与可持续性

“可持续发展”的概念源于 20 世纪 70 年代罗马俱乐部报告中的辩论，它关注的是高速经济增长的环境后果。[①] 但是，直到 1987 年世界环境和发展委员会报告（布伦特兰报告）《我们共同的未来》的出版，可持续发展才有更多实质性的进展。该报告将可持续发展定义为“发展既要满足目前的需要而又不损害子孙后代发展努力的需要”。[②] 虽然这个解释是由世界文化和发展委员会提出的，但委员会并没有提出文化领域可持续发展的具体概念。从长远的眼光看，将文化的整合纳入发展进程中的重要性仍然存在，并使之成为讨论和协商《文化多样性公约》的基本要素。公约的两个条款明确提出文化的可持续发展。

第二款第六条——可持续发展的原理：文化多元性是个人和社会的丰富资产。保护、推广和维护文化多元性是有利于当代和后代的可持续发展的必要条件。

第十三款——可持续发展下的文化整合：缔约方应致力于将文化整合纳

① 详见梅多斯等（1972）。

② 世界环境和发展委员会（1987：43）。

入其各级发展政策，为可持续发展创造条件；在此框架内培育、保护和推广文化表达的多元性及其相关的各个方面。

如何解读公约中的这些条款？在前面有关可持续性发展的讨论中，我们指出可持续性的概念最好表达为一系列确认可持续发展要素的基本原则，我们有如下建议：

- 代际公平：发展必须从长远的观点来看，不是对子孙后代获取文化资源和满足其文化需求努力的妥协。为此，我们需要特别关注对国家有形和非物质文化资本的保护。

- 代内公平：发展必须对社会的所有成员在公平和无歧视性的基础上提供享有文化生产、参与和享受的机会；更有甚者，必须对社区的贫困者给予关注以确保其发展与消除贫穷的目标一致。

- 多样化的重要性：正如可持续发展需要保护生物多样性一样，应考虑经济、社会和文化发展中文化多样性的价值。

- 预先防范原则：当面对不可逆转的决定时，如文化遗产的损坏或终绝有价值的文化习俗时，必须采取避免风险的做法。

- 相互联系性：经济、社会、文化和环境体系不应该彼此隔离，它们需要一个完整的方法，需要考虑其整体性，尤其是经济与文化发展之间的联系。

- 为了确保文化可持续性，这些原则可以用来判断特定的政策措施。

政策的影响

我们曾经指出，在发展中国家以适当的方式探讨文化政策的制定要在一个广泛的文化产业和可持续性发展的框架中来讨论。采取这种讨论方式的基本原因是以务实的态度对待文化发展。发展中国家和发达国家的发展政策，都是通过各种方法阐明政府提出的经济政策，这些政策在第 2 章已经讨论过。正如我们曾经指出的，控制国库和财政部钱袋的经济学家们有时基于文化的美德而倾向于对一些开支不以为然。在这种情况下，将文化引入发展政策议程的最佳途径是通过艺术和文化制作、传播、参与及消费使经济更强壮、文化更丰富、社会更有凝聚力，以此显示出文化产业对可持续性发展的贡献。

在上述及其他领域，这种做法并不意味着经济目标将优先于文化目标。在可持续性发展的各个方面，文化产业的确需要我们细心呵护，并构建更广泛、更重要的产业基础。具有创造性的艺术家和艺术组织需要健康和繁荣的环境，这需要对文化部门更多商业运作方面的支持。这一主张在发展中国家和世界其他地区一样有效。

我们可以将上述考虑整合成一套制定政策的指导方针，并将文化纳入可持续发展之中。以下是一些指导方针：

- 不是一个单独的政策或措施就可以提供文化的可持续发展，而是需要一个一揽子政策方案。其具体内容取决于不同国家的特殊要求。
- 政策的制定不是一个部门的责任，而需要许多关心经济、社会和文化发展的政府部门和有关机构的协作和合作。
- 认识到文化产业的经济潜力，并为将文化引入更广泛的经济发展议程提供实际的途径。同时，必须认识到需要制定政策来传递文化和经济利益，这就需要对来自文化部门的经济和文化价值做出明确区分。
- 按照前面的要求，文化可持续发展政策的一个根本要素是关注具有创造性的艺术家和艺术团体的需要，并在保护物质和非物质文化遗产方面有强有力的政策立场。

- 应该注重基础设施的长期投资，这包括：支持文化生产、分配和消费的实体基础设施；制度性基础设施，如公共文化部门和机构；法律和制度基础设施，如一个有效的版权制度；财政基础设施，以提供良好的金融服务。

- 鉴于文化的可持续性发展过程最终在社区内展开，因此，地方一级的长期能力建设是很重要的，这样文化的政策和资源分配能够最大限度地下放到地方社区。

- 任何按照这些准则整合而成的一揽子政策措施，都应该以上述文化可持续性发展的原则为标准来评估，以确保可持续性发展的要求。

结语

联合国确立了在2015年前达成目标的一系列千禧年发展计划。这些目标包括消除贫穷，教育、性别平等和可持续发展等。在所有这些方面，文化以各种方式涉及其中。消除贫穷这一主要目标在本章讨论的各种政策战略中都可以见到。发展中国家的文化产业大都围绕中小企业建设，通常是地区级别的家族企业运作。这些行业尤其适合于与文化传统一致的社区重建，它们还提供灵活的收入和就业机会，并与家庭和社区义务以及非正规经济相吻合。简而言之，它们可以是有针对性的政策措施的直接工具，并将对消除贫穷做出直接贡献。

然而，必须认识到在发展中国家还有许多方面的障碍要克服，以便推进我们一直在讨论的各种文化政策。资金配给仍然是一个制约因素，目前一些国家正在积极地推进小额信贷计划。缺乏企业家技能常常制约小企业的发展，这意味着需要一些适合于艺术和文化生产环境的特殊培训项目。政策还要有助于改善公共基础设施。在很多情况下需要给予特别关注的一个基本制度是版权制度，我们将在下一章讨论这个问题。

第13章 知识产权

人在第7天的时候被造好，然后上帝累了。唯有一件事上帝无法做到：搞懂这个星球上的版权法是怎么回事。每当需要制定或修改版权法时，白痴们就凑到一块儿了。

马克·吐温，1903

引言

知识产权包括版权、专利和商标。其中与文化政策密切相关的是版权。版权是为了保护原创艺术不会未经授权而被使用。它保护的不是创意，而是创意被表达或“实现”的形式。这种创意可能是以文字、艺术、戏剧或音乐的形式，或电影、录像、录音、广播等形式表达的。保护的方式可能是法律体系，而包括版权法在内的知识产权法已经成为法律理论和实践的一个主要分支。

为了便于理解版权对文化政策的意义，有必要先了解提供保护的经济原因以及版权管理的经济常识。本章的前几节会谈到这些问题，特别是保护及分配版税的创作者版税征收协会的作用。然后我们会讨论数字技术的出现是如何使版权产品被非法使用的。接下来我们会讨论版权的国际法规以及知识产权在发展中国家所起的作用。最后我们将谈到政策决策。

有关版权的经济常识

当一位作者出版了一部小说，或者一位作曲家创作了一首歌曲，其中所包含的艺术劳动就成为一项公共产品了，而我们在前面章节里提到的非竞争性（non-rival）、非排他性（non-excludable）等属性则成为可以归属为文化现象的公共产品特性。一部文学作品或一段音乐之所以是非竞争性的，是因为一个人欣赏完该作品后并不会减少其他人的欣赏量；而之所以是非排他性的，则是因为该作品一旦问世，就很难或不可能阻止某人消费或利用该作品。

像其他公共产品一样，艺术产品的上述特点会导致某种形式的市场失灵，因为创作者无法向产品的消费者收费。最常见的调节公共产品市场失灵的办法是集体行为，通常以政府干预的形式，通过公共部门的直接生产或对私人领域的生产进行公共投资。不过，政府还可以用另一种方式来调节市场失灵，也就是以版权的形式建立一个此前未有的市场。这种方式有三个先决条件：

- 版权的拥有者必须很容易被确认；
- 洽谈版权的交换或使用的合同费用不能太高；
- 侵权行为必须得到核查和制止。

所有这些特点都见于知识产品的案例中。从经济学的角度来讲，对创造性产品市场失灵的合理补救方法是，建立产品生产者对产出的权利。需要认识到的一点是，授予创作者谈判权并不会改变知识产权是一种公共产品这一属性。①

众所周知，市场失灵会导致市场效率低下和经济福祉丧失。因此，版权系统产生的经济利益来自于通过建立版权市场而带来的经济体内部可分配效率的提高。从供给的方面来讲，版权为现有产品带来了收入，并为该产品的持续生产和扩张提供了动力；从需求的方面来讲，版权使使用者可以购买他们所需的创造性产品并确保他们在一段时间内可以使用后续产品。而整个社会效益则表现为由于文化产品供不应求，福利损失消除。这种情况通常出现在文化产品没有财产权的自由市场中。

版权授予艺术作品创作者的权利是垄断权，原因有二：首先，知识产权

① 有关版权经济学方面的文献包括赫特和舒曼（1966）、兰德斯和波斯纳（1989），以及贝森和拉斯金德（1991）。更新的概述见兰德斯（2003）及兰德斯和莱文（2006）。

的公共产品特性决定了权利的所有者必须拥有该产品的单独权利或垄断权利，以便该产品所产生的全部价值能完全归该所有者而不是其他人所拥有。其次，诸如乐曲等原创艺术作品是独一无二的；艺术作品是非同质性产品中一个很极端的例子。原则上特定的艺术作品不存在替代品，因此，一位作曲家对其作品所拥有的权利就只能是垄断权。当然，由于某些作品不如其他作品容易辨认，譬如更不流行的作品，所以某些艺术作品实际上是可能有替代品的。① 不过，这种替代性很有限，而且并不能削弱版权本质上的垄断性。

需要理解的一点是：从经济的角度来看，艺术品创作者所拥有的这种垄断权并非来自权利拥有者刻意的反竞争行为，或者贸易实践法规所反对的市场力量的干预，而是完全来自于该艺术品的公共产品属性及其固有特性。② 这些特性会影响到对艺术家权利的管理，下面将会谈到。

有关知识产权的管理是法律问题。

- 版权法提供了确认创作者权利的途径；
- 版权法建立了版权交换市场；
- 版权法确保版权得到保护及处理侵权行为。

在诸如某一作品版权的具体有效时长和条件等问题上，不同国家的法规会有不同的规定。不过，无论细节怎样，版权体系的作用在于建立一个有权使用艺术作品的市场，而这个市场以前是不存在的。

版权的覆盖范围对艺术作品来说有几个例外。最重要的是所谓的“公平使用”或“公平处理”。在某些情况下，对一项作品的复制量非常少——例如

---

① 有关这一点的具体阐述，见巴罗斯（1994：104－105）。

② 权利的固有特性为创作者带来垄断这一事实，或许可以解释迈克尔·奥哈拉所说的，“很多人倾向于认为（知识）产权中的转让垄断这一概念及其实现是有序社会的内在要素，而不是理性政策的产物。”（奥哈拉，1985：407）。

某本书中的几行话——以致对此收费很不实际。而在其他一些例子中，对非商业研究、评论等的使用可以免费。其他一些例外则可能是创作者准许的，如果他/她认为使用自己的作品会对公众有利或者出于营销目的。例如，一位视觉艺术家可能会同意将自己的作品免费印制在挂历或贺卡上，如果他/她觉得这样做会提高自己的知名度。一个相对灰色的区域是所谓的借用，即将另一位艺术家的作品作为自己进一步创作的基础。例如，一位作曲家可能把另一位作曲家创作的某些片段运用到自己的作品中。这种借用是剽窃还是对另一位艺术家的“致敬”，是一个可以被告上法庭的见仁见智的问题。①

原创艺术作品中所包含的权利成为首要权利，创作者可以自己行使这一权利，也可以转让或出售给他人。其中的例外是当艺术品是由雇员所创时；在“职务作品”（work-for-hire）情况下，权利的法定拥有者通常是雇主，而不是创作者。版权作品除首要权利外还有次要权利，如复印或重播。另外还有“比邻权”（neighbouring right），从版权中衍生出来的或与之有关的权利，例如表演者的权利，是指音乐家、舞蹈家或演员（或一群表演艺术家）可能会对他们就某一段音乐、某一出话剧或某一阕舞蹈的再创造申请权利。

与绘画等视觉艺术有关的版权是再销售权或者转售权。这一权利在某些管辖权中有，在有些中则没有，它允许艺术家或代理人在作品重新出售后获取原价的增值部分的一定百分比。这样做的原因是原创者有权享受由于市场看好而带来的作品升值。转售的版税通常是针对那些受益的艺术家，他们在尚未成名时以低价售出自己的作品，但作品的价值在自己成名后成倍增长。

版权被归类为一种经济权利，因为它涉及付款和报酬；这与道德权不

① 见兰德斯（2000）；有关这一问题在美国法律背景下的讨论，见斯卡菲迪（2005）。另见麦肯纳和安东尼亚（1994）和卡希尔（2004）所记载的一些案例研究。

同，后者与作品的诚信和真实性有关。道德权在法国（被称为道德权利）及其他欧洲国家非常重要，它使创作者可以对自己的作品行使著作权，并使作品免受未经授权的更改、删节或损毁。在不同的国家，道德权的法规各不相同——有的与作品的版权相连，有的则独立于版权之外。著名的道德权侵权案例包括美国的倾斜的弧（*Titled Arc*）一案。雕塑家理查德·塞拉(Richard Serra) 抗议自己的这一雕塑作品从原来纽约某广场的位置移走。①

有关知识产权的文化政策不仅与创作者有关，文字和音乐作品的出版商、唱片公司、广播公司、电影公司以及文化产业中的其他有关团体都需要一个有序有效的版权体系。消费者也不能置身事外，因为版权法影响到他们打算购买或复制的艺术品的价格。实际上，版权政策最后成为平衡创作者、出版商及其他机构希望其劳动付出得到合理补偿的合法权益与使用者希望以公平合理的价格使用版权作品的合法权益的一种考量。

艺术家权利的管理：版税征收协会背后的经济含义

赋予某一作品以知识产权是一回事，经济而有效地行使该权利又是另一回事。创作性产品与权利的非排他性意味着监控该产品的使用比监控私人产品的使用更困难。如果一位艺术家要单枪匹马地管理自己创作的艺术作品所拥有的权利，他/她会面临以下一些成本：

- 发现潜在使用者的搜索成本；
- 发现使用者后与其签订合同的交易成本；

① 详见塞拉（2001)。

- 获得使用费的收款成本；
- 受到侵权后采取行动的执法成本。

所有这些单独行使权力的成本很可能会让该艺术家望而却步，或至少比如果他/她与其他艺术家联合起来行使权力的成本要高很多。这其中的原因是权利的管理成本包括很高的固定费用，将这一成本分摊到很多单位上则会大大降低每个单位（例如，每个被管理的权利）的平均成本。因此，对权利进行集体而非单独管理很可能大大降低成本，尤其是通过那些非盈利性的会员制的版税征收协会。

另外，从需求方的角度来看，应运而生的版权的集体管理也有其经济方面的原因。使用者在寻找需要使用的作品的创作者时也会发生费用。如果没有版税征收协会的话，这些费用也很可能会让使用者望而却步，从而极大地限制了消费者可以使用的产品范围。由于拥有完整作品目录库的版税征收协会的存在，使用者的搜索成本得以大大降低。使用者还可能从集体管理导致的交易成本汇集中获益。

版税征收协会在大多数艺术形式上和大多数国家里都逐渐成为一种垄断形式，其原因有二。第一个原因，这种垄断权是政府正式赋予的，比如政府宣布某一社团为版税征收协会，负责某一法定许可的管理。在这种情况下，从政府的角度来看，任命某社团的主要原因是为了管理上的方便和有效；而该社团则代表政府行事，并受有关法规的约束以确保其公共媒介的形象。

第二个原因来自提供管理服务的成本。如上所述，一个版税征收协会的平均单位管理成本（如管理的法定许可）会随着单位数量的增加而降低。如果存在几家互相竞争的版税征收协会，最低的单位成本会发生在那个拥有最多会员数量的协会。在这种情况下，一个拥有最多会员数量的协会的单位成本是最低的。这实际上就是单一供应商之所以能出现的自然垄断原因；由于规模经济的效应，与两家或两家以上机构的同水平产出规模相比，单一机构能大幅度降低总成本，因而垄断是在所难免的。

另外，这种垄断很可能会受到竞争的保护。在任何一个市场，由于新加入者不太可能达到现有机构所享有的规模经济，因此自然而强烈的垄断所带来的成本会对新加入者形成一种障碍。但这并不意味着进入市场是不可能的，因为新加入者可能在其他方面带来竞争，比如服务质量。无论如何，有一点很清楚，自然垄断的经济地位相对来说是比较牢固的；一旦形成垄断，就可能持续很久，而这正是版税征收协会的现状。

从经济角度来看，版税征收协会垄断的出现既有益处，也有潜在成本。益处方面，如果只有一个版税征收协会，垄断在三个主要方面可以使经济效益和/或经济公平性得到提高。

第一个可能的益处是，创作者和消费者从协会的自然垄断特点所带来的效率提升中获益。这种获益反映在降低的单位成本被以低收费的形式转让给消费者，同时增加的收入被转让给权利人。如果要使这些利益累积的话，版税征收协会就不能像一个无所顾忌的、只追求利润最大化的垄断组织那样任意提高价格。

第二个可能的益处与在市场上谈判实力的分配有关。在任何一个市场上，如果市场力量在供求双方之间的分配不均等的话，可能会带来效率和福祉的损伤。在这种情况下，力量较弱的一方可能通过消费者保护或政府为消费者采取的其他保护措施来实施一种所谓的“低效力量”（countervailing power)，以应付市场上力量太过强大的供应者。在知识产权这一领域，力量较弱的一方往往是供应者。创造性产品的所有创作成本本质上都是沉没成本（sunk cost)。因此，使用者可以向单个供应者要求一个低价格，因为他们知道已经投入到创作中去的资源无法再挪作他用。在这种情况下，知识产权的权利人可能无法得到一个能使全部创作成本得到补偿的价格（包括正常的利润或资本回报率）。如果是买方垄断（只有一个买方）或买方集中度很高（只有几个买方，因此具有很强的市场力量）的话，这种情况就加剧了。比如广播音乐，只有很少的几个买家，而作曲家或出版商却不计其数。在这种情况下，垄断或近似垄断的版税征收协会就可以被视为拥有合理的均等势力。在双边垄断（一个买家对一个卖家）的极端例子中，经济学理论告诉我们，如果市场力量在双方的分配是近乎均等的话，通过谈判达成的价格会是合理的。①

第三个益处是对使用者而言。如果某一产品的消费者相信处于垄断地位的卖家不会漫天要价，他们可能会觉得从单一渠道获取所需产品会更简单、便宜而且方便。对那些需要“一站式购物”，在一个地方获得许可来解决所有需求的使用者来说，这一潜在的益处可能会特别有用。

尽管存在上述益处，垄断的版税征收协会也可能会有很多潜在成本。该协会可能会利用其受保护的地位，在将所得收入分配给会员前不合理地将收费的很大部分留为已用。这些“管理费”可能被用来支付额外工资，或向经理人员或董事会成员支付福利。不过，有压力要求版税征收协会公布其成本中的管理费构成。这种压力部分来自会员的审议，他们希望管理层能将管理费用降到最低；另外一部分来自这样一个事实：尽管不大可能存在来自另一个版税征收协会的竞争，但如果现有管理层允许管理支出造成浪费或低效的话，他们就会面临一个新管理层或新协会将现有协会会员全部接管的危险。②

① 另外，垄断的版税征收协会与用户组之间的有效谈判可能会消除新机构靠竞争手段进入该领域的任何激励因素，见贝森等人（1992：398－401）。

② 有关版税征收协会之间竞争的详细分析，见贝森等人（1992：402－405）。

另外，垄断的版税征收协会也可能利用市场力量向其客户收取不合理的高价以将会员的收入最大化。而使用者在没有其他可以取而代之的供应者的情况下，要么被迫支付这一高价，要么只能望洋兴叹。垄断的版税征收协会并非不可能发生这种行为，所以问题就变成如何设计合理的政策工具来阻止或预防这种漫天要价。最显而易见的办法是直接的价格监管或立法。从一般的经济角度来看，监管措施偶尔会被用来确保价格的制定以让生产者得到合理的回报，例如对垄断实施平均成本（或成本加合理的资本回报率）定价法规。对版权来说，这种法规可以通过监管委员会或法庭的监督来实现；一些国家已经采用了这一方法。通过法庭对垄断的版税征收协会进行监督可能会带来低关税以及使用者增加等结果。①

总之，从经济的角度来看，只要有一个对版税征收协会的定价进行监管的机制，存在一个垄断的版税征收协会与一个公平有效的版权体系所带来的社会意义并不矛盾。在版权这一领域，竞争并不是控制价格的有效手段；而鼓励新协会的加入对创作者和使用者双方来说都没有好处，因为这样做会提高成本，不仅不会为创作者带来足够的回报，而且有可能减少新产品的流动。相反，价格立法或独立法庭的监管可能是一种更为合适的办法。

新技术的影响

数字时代的到来给版权带来了深远影响。② 以声音、文字和图像等形式

---

① 见亚历山大（1994）；有关欧洲版税征收协会的效率，见若克兰德体（2003）。

② 有关数字化对版权的挑战的讨论，见尚特皮等人（2008）；另见利博维茨（2003）、法尔基（2003）。

表现的艺术作品都可以被转换成数字形式，然后以零成本的代价任意复制。无论远近，它们可以从一个人向多个人复制和转发。这一特点使得版权作品可以在版权人不知情的情况下被使用。在音乐界，这种侵权被称为“盗版”，是至少从广播音乐被非法录音起就有的了，不过互联网的出现让“盗版”的发展变得更迅猛和更难以发觉。

对版权保护有需要的代理人、公司和个体艺术家等都以各种不同方式对侵权做出反应。一个很明显的例子是加强对非法复制的打击，尤其是互联网上对视听作品进行群对群的文件共享这一方式。这方面取得了一定的成功，取消了一些文件共享网站。但一个源头被清除了，其他源头马上又出现了。另一个例子是采用所谓的“如果你不能打击他们，就加入他们”的办法。很多电影制片公司、音乐出版商、唱片公司等都索性在自己的网站上鼓励人们购买已经数字化的产品，以拥抱数字时代的到来。人们认为，如果这些产品的售价对消费者有吸引力，并能为版权人带来合理的回报，使用者还是愿意以购买的合法方式来获取版权作品，而不是去冒险犯法并受到追究。还有一个例子是通过技术手段来防止盗版，比如对数字化的作品进行加密、打上水印等，使得未经授权的复制从技术角度来说根本不可能。①

实际上，这一技术上的突破为版权管理的普遍化提供了可能。如果数字化艺术品的创作者可以以独特的方式确认自己的产品，并以电子化方式进行销售，如果他们还能要求下载自己产品的消费者以银行转账的形式马上付款，“不付款不销售”，那么这种交易就消除了中间环节存在的必要，成为原始供应者与最终消费者之间的交易。由于这一产品实际上成为一种私人产品，也就不需要特别的版权保护来约束这一交易，至少对首要权利来说是这

① 有关音乐产业中这些趋势的讨论，见克雷奇默等人（1999）。

样的。即使艺术家自己无法实施这一策略，数字化文化产品的下游分销商诸如唱片公司等已经开始建立类似这种模式的新业务。然而，无论这种新业务的发展趋势如何，创造性产品在很多方面还是需要保护。因此，预言“没有版权的时代”可能还为时尚早。[①]

版权的国际法规

版权最早产生于 18 世纪初的英国。《安妮法令》第一次赋予作者有别于画家的从其作品的复制中获益的权利。[②] 作者的权利这一概念逐渐为人们所接受，并于 19 世纪末开始见诸法律并逐渐国际化，最后形成《为保护文学和艺术作品的伯尔尼公约》。此后这一公约不断修改和扩大，迄今拥有 164 个成员国，成为国际上最主要的版权保护机制。公约建立了版权保护的共同规则，奉行“国民待遇原则”，也即成员国之间同意向他国的创作者提供与本国创作者相同的保护。

20 世纪下半叶，有关版权的其他公约逐渐生效。1952 年，《世界版权公约》的签署特别为那些暂时还不能加入《伯尔尼公约》的国家提供了较低一级的保护。随后，1961 年生成的《罗马公约》特别将国民待遇原则用于对表演者、唱片制作人和广播机构的保护。1980 年代中期，随着服务行业国际贸易的持续发展，关贸总协定的谈判也开始了（详见第 9 章）。值得注意的是，为了不必向他国的作者提供国民待遇，大多数国家都极力回避对诸如

① 详见瓦里安（2005：134—136）。

② 首位享用这一新法的作家是 1741 年的亚历山大·波普；见罗斯（1994）。

视听产品等关贸产品贸易做出承诺，并继续执行诸如“本地内容配额”和“国内生产补贴”等文化政策。

乌拉圭回合谈判的结果之一是《与贸易有关的知识产权协定》(TRIPs)，并于1994年签订。[①] 这一协定是国际版权保护的一个重大发展。它为世贸组织各成员国在创作者、表演者、制片人和广播公司的保护方面制定了最低标准，即便这些成员国尚未加入其他公约。它还包含了知识产权权利的实施以及争端的调解等方面的重要规定。

然而，尽管有着以上种种努力来试图为版权的国际保护提供一个切实有效的运作机制，差距还是存在的。盗版继续大量侵吞着版权所有人理应享有的版税收入，这一问题因为互联网的出现而更为加剧。一些国家仍然缺少相应的版权法，而另一些国家则还没有加入国际版权公约。鉴于市场运作中的知识产权权利对所有文化产品的重要性，提高版权的全球管理必须成为国际文化政策的一个持续而重要的目标，这一点是显而易见的。

发展中国家的版权

我们在上一章讨论了文化产业在提高发展中国家的产出、就业和出口等方面的作用。然而，如果对知识产权的保护缺乏强有力的体制和政策支持，或者根本没有这种支持的话，全面发掘创造性领域在这些国家中的潜力就会受到严重危害。没有这种保护的话，创新性产品的创作者的经济回报就会减少，继续进行生产的动力就会消失。如果创作者的产出不能带来稳定的经济

① 有关TRIPs条款的全面介绍，见斯特令（2000）。

收入，那些旨在帮助建立和发展中小型创新性企业的政策就不能完全奏效，尤其是当他们的潜在收入可能被未经授权的使用者剥夺的时候。

在那些现有的版权保护还不够完善的发展中国家，改善有关立法使之与国内现状相符，并将之嵌入到知识产权国际保护的大框架中去，这应该作为文化政策议程的首要目标。的确，这一领域的政策决策应该不限于立法，而着眼于更宽泛的支持版权体系的基础设施。法律生效后，可以确保版权收入依法支付给版权所有人的监管机构和版税征收协会。

很多关注文化、文化贸易和知识产权的国际组织一致呼吁改善发展中国家的版权保护状况。例如，2004 年的世界知识产权组织（WIPO）大会制定的《发展议程》就收录了这方面的有关建议。《发展议程》所提出的行动方案包括了诸如技术支持、能力建设、规范制定、技术转让和管理等方面的内容。WIPO 也很关心与开发利用发展中国家的遗传资源、传统知识和民间故事等相关的知识产权问题。这些资源是很多国家经济财富的来源，对它们的知识产权进行编纂被认为是保护其不受跨国公司等“利益至上”组织剥削的重要一步。可以认为，基于商品化和贸易的概念赋予传统知识以所谓的所有权，与将这种知识置于文化多样性的范畴而提供人权法方面的保护相比，或许显得不够合宜。[①]

结语

正如我们在第 2 章里谈到的，从经济角度来看使文化产品和服务自成一

---

① 详见麦克米兰和波威（2006）收录的论文，尤其是约翰娜·吉布森所著章节。

个类别的三个特点之一是它们至少具有某些知识产权的内容。这一内容是艺术家及其他创作者的脑力劳动结晶，并受到知识产权法尤其是版权法的保护。因此，文化政策与版权管理这一广阔领域之间存在着某种密切联系。

本章指出，理解版权的经济含义对了解版权政策及其与文化政策的联系具有重要意义。采用鼓励的办法使创造性产品得以持续生产是一个经久主题，并为版权成为文化政策的一个关键部分这一论点提供了基础。正如露丝·陶斯（Ruth Towse）所说：

> 版权政策，也即政府针对不断变化的版权法的政策，应该被视为文化政策的一部分，因为版权法影响到创新性产品的供应，既有来自艺术家的创作，也有来自使用这一服务的文化产业。[1]

陶斯指出，在英国，版权在管理上仍与文化政策脱节。事实上，各国之间在有关版权法的制定、实施和监督等方面仍然存在很大差别；版权管理在某些国家由文化部负责，而在另外一些国家则由司法部、法律事务部、贸易和工业部、信息部、教育部等部门负责。[2]

我们还强调了建立一个强大有效的版权机制是发展中国家创新性经济发展的必要前提。从全球范围来看，无论一个国家处于哪一发展阶段，持续不断地扩大版权法的覆盖范围一直是国际知识产权议程的第一议程，尤其是面临来自新信息技术的挑战时。为了取得最好效果，这些努力需要与中央政府的文化政策全面结合起来。

---

① 详见陶斯（2001：166）。

② 详见安德森等人（2000：19）的一览表；完整的目录则见知识产权组织的办公室目录，网址是 www. wipo. int/ directory。

第 14 章
文化统计

文化依恋着计数和测量；
对无法计数的东西它会感到格格不入和不自在；
与此相反，它的努力却在各方面限制着数字；
它试图用手指来数数。

让·杜布菲：《窒息性文化》，1986

引言

公共管理的任何领域的正确决策都需要以全面和可靠的数据为基础。文化政策领域也是如此，文化部门复杂的机构和多元化的业务使得数据需求尤为复杂。统计数据包括文化产出和价值、就业水平、文化消费和参与、公共和私人基金等，其目的如下：

- 描述文化部门的规模、在经济和社会中的位置以及运作的性质；
- 在有证据的基础上形成政策，这取决于原始数据以及对这些数据的相关分析；
- 对文化政策、方案的执行以及对完成情况进行监测和评估；
- 使用国内或国际统计数据比较各种项目以测试性能标准。

这些文化统计数据有三个主要来源。第一，定期收集和公布有关经济和社会发展数据的官方统计机构，是艺术和文化信息的主要来源。他们提供的数据也许是统计汇编（如人口普查、国家账户或劳动力调查）的一部分，或者是由专门的文化统计部门将艺术和文化产业汇集在一起得出的数据。第二，一些独立机构收集各种与政策用途相关的数据，例如，文化观察者、大学研究机构以及私人咨询机构进行的调查，以及行业机构和非政府组织从会员那里收集的数据。第三，一些国际组织公布的与艺术和文化相关的数据，其中最著名的是联合国教科文组织统计局，其主要职责是从其成员国收集文化数据并公布。

“文化统计数据”涵盖的数据类型和范围是很广泛的。本章将讨论这些数据类型，特别是定义和分类方面的问题。本章还将讨论一些用于特定政策用途的统计数据，其中包括文化指标、多元化及创造性的测量以及建造文化卫星账户（satellite accounts for culture）的努力。不同国家使用不同的分类体系导致的彼此之间的不可比性，使得在国家之间收集统计资料、进行国际间比较等受到阻碍。文化统计数据也不例外，本章将讨论国际协调问题，以便为文化统计的重新分类提供一个基础。它提供了一个共同的框架，使得各国的统计机构能以此为参照，设定和修改其分类体系。

文化统计数据的类型

文化产业

文化产业的统计汇编面临两个问题。第一个问题是定义问题，这在前面章节中讨论过。例如，他们是“创意”还是“文化”产业？哪些产业包含其中？使用哪种产品分类？大多数国家根据国际标准如 ISIC（国际标准产业分类）和 CPC（中央产品分类）对其行业和产品进行分类。这些体系与国家或区域分类有关，如 NACE（欧共体的经济活动分类）、NAICS（北美行业分类体系）以及 ANZSIC（澳大利亚和新西兰标准行业分类）。具体的产业根据各个国家体系之内的文化或创意不同而有所不同，这取决于其所应用的文化或产业的定义。因为这个原因，我们可以很容易看到国际比较（例如文化产业对国内生产总值的贡献）是一个问题。

有关文化产业的统计数据的第二个问题是针对政策或其他感兴趣的目的确定系列数据。定期收集所有行业的传统经济数据，包括国民生产总值、对 GDP 或 GNP 的贡献、增加值、固定资本的形成、零售和批发价格等，以及对外贸易和就业统计数据（以下将进一步讨论）。再者，有关文化产业的数据可以通过强化使用中的文化产业分类，而从完整的经济统计中提取出来。

文化商品和服务之国际贸易

文化贸易的统计必须根据有效的产品分类系统而不是行业或其他分类来进行，因为这方面关注的问题是可识别商品和服务实现跨国界移动。有关货物的流动数据通常使用所谓的统一系统进行编制，它对实物商品提供了标准的描述和编码系统。服务流的数据通常使用 EBOPS（扩大国际收支服务分类）进行分类。但是这些分类都没有将文化产品或服务作为单独的类别，因此文化贸易的统计汇编必须根据使用中的文化产品和服务的特定定义来解压相关的数字。上面讨论的行业数据也是这种情况。[①]

在计算文化贸易时，影像行业是特别的困难。以前，有关电影或音乐的国际贸易可以很容易观测到，因为它们涉及实物商品的进出口——电影胶片、录影带和光盘等。但是，随着网络的发展，影像产品的贸易现在不断通过互联网发生，产品被转换成电子形式，对版权、专利费等的付款也是如此。通过统计机构系统地追溯这些流动一般是不可能的，因此对这些贸易数量和价值的估计必须从其他途径组合起来，例如由负责收集和分发版权收入的有关协会提供数据。这些数据的质量和范围各不一样，因此以各种不同形式汇编成一个完整和精确的文化贸易的数据是不可能的。

文化就业

文化部门的劳动人口统计也将引发定义方面的问题。这些问题包括：什

---

① 有关重新评估和汇编文化产品和实物贸易统计数据，见联合国贸易和发展会议（2008：101—137 和 225—331）。

么是文化职业？如何划定创意性劳动力？对这些问题的回答并非想象的那么直接。例如，“文化工人”可以被定义为在文化产业中工作的人，不论此人从事的工作是“文化”（创造文化产出，如写诗或演出）或者“非文化”（如销售戏剧公司的门票）。文化职业的定义必须参照文化行业具体的性质，而不是其就业的行业。在此情况下应该有更明确的创业和职业定义，因为该定义与更容易认可的投入（创造）而非更不容易观测的产出（文化）相关联。尽管如此，通过 ISCO（国际职业分类标准）设计一组创业或职业并非易事，因为它取决于形容词“创业”如何延伸。不同的国家使用不同的方法来测量文化就业、创业劳动力等。然而，不管使用哪种分类，着眼于行业就业的大多数评估发现，大量的创意或文化工人实际上在非文化行业工作。[①]

艺术政策是文化政策的重要组成部分。从政策角度来看文化就业，一个特别令人感兴趣的问题是艺术家的工作条件。社会上有很多人从事艺术活动，确定艺术家的工作有一定的难度。作为收集数据的第一步，有必要区别专业和业余艺术实践。从几个方面说，这种区别是重要的。从经济方面来看，业余和专业艺术家在劳动力市场上的行为是不一样的，这就有必要确定艺术家的身份。在一些包含如下变量——文化商品的产出、增加值、就业水平、价格及其他经济数量——的大型模型中，需要注意区别专业员工和业余制作者。最后，从纯粹的艺术感来看，高水准和专业标准的协会认为专业艺术家更能产生有永久艺术价值的产品。公共艺术政策一般通过赞助专业艺术家而非业余实践者，来追求卓越和创新的目的。

如何区别专业与业余艺术实践？使用财务标准不足以成为唯一的鉴别器，因为许多艺术家都有多个工作，而且一些专业艺术家可能在其艺术生涯

① 这些工人被视为“嵌入式”，请参阅恩格斯等（2008）。

的大量时间内很少或者根本没有收到过薪酬。但是，正如一些作者所述，艺术的专业性存在复杂的属性，没有一项是其专业地位的充分条件，但并非所有的属性都是必要条件。这些组织特征中的重要内容是承认一些同级评估（peer review）可以接受的标准。[①]

有关艺术家的数据主要来自两个途径。第一个途径是，人口或劳动力普查提供了有关人口在特定职业分类中的特点和规模的最精确信息。大多数国家的人口普查采用的标准职业分类中包括各种相同的艺术家类型，而且常常是十分精细的职业分类，这些统计数据在研究艺术家创造力的程度和特点时非常有用，但它们也有一些重大缺点。第一，在很多情况下，个人对工作类别的反馈取决于人口普查时他们所从事的主要工作，这会忽视许多为生计而从事其他工作的真正的艺术家，从而造成数据的不准确，这一点不难理解。第二，收集统计数据时并没有专业与业余的区别。当一个人宣称其“主要工作”是艺术家时，可以合理地认可其专业地位，但是无法知道此人是否满足上述讨论中更精确标准的专业精神。第三，当数据收集是以自我评估为基础时，作为一个职业分类来理解何为“艺术家”还存在一些问题。第四，对经济学和社会学研究人员来说，他们很难通过普查获得的描述性数据来分析各种感兴趣的问题。例如，经济学人经常关心艺术工作和非艺术工作之间的时间分配及其收入，但由于多种原因这种双向分类甚至并不明确。[②] 将来源于人口普查的艺术家收入数据用于经济分析是有问题的。研究人员使用普查数

① 有关视觉艺术方面的讨论，见杰费瑞和索罗斯比（1994）；有关不同艺术形式的确定和专业艺术家的标准，见索罗斯比和霍利斯特（2003）。

② 艺术工作的三种分类：创意工作、与艺术相关的工作（如艺术和音乐教育等）、非艺术工作，现在已经被广泛接受；见索若斯比（1996）。

据分析艺术家的收入状态，其结论不可避免地受到限制。[①]

数据来源的第二个途径是特殊目的的调查。对艺术家进行有针对性的调查可以面对全职和兼职员工，还包括那些短期不工作的人，因此比一般性普查能更精确地估计艺术家的人口规模。如果一项专门研究主要针对的是专业艺术家，可以将业余爱好者从样本中剔除出去；在一些涵盖职业范围更广泛的研究中，可以提出更适合的问题以精确调查反馈者的职业状况。“艺术家”的定义由研究者掌握，而不是因普查需要而另外提供的。最后当然也是最重要的，在特殊的有针对性的调查中所获数据的质量和程度将比一般性的普查数据更加丰富，因为收集的数据是针对用户设计的，要求用户回答研究者的特定问题。

但样本调查还是存在一些问题。一般来说，它费用昂贵。而且，以推理为目的的结果的有效性，取决于研究者确定艺术家对象的能力以及从随机样本中有效提取统计数据的能力。对有些职业来说，确定艺术家人口也许相对直接。例如，许多国家的演员和音乐家是高度工会化的，在此情况下，与工会合作的研究者也许能获得相对完整的专业人士名单以及联系方式，并从中抽取样本，但大多数职业并不存在如此集中的名单。例如，对于作家、画家、雕塑家和手工业者的统计数据，研究者通常最先依赖于大多数专业艺术家出现的名单，如协会成员名单、基金申请名单、机构登记册，甚至电话黄页。通过将各种途径获得的名单整合起来并剔除重复的部分可以勉为其难地汇总成一份统计名单。通过这份整合的名单获取的样本所得出的推论将以此为假设：那些不在统计名单上的艺术家，其主要特征分布与这些列表中的艺

① 有关例子是兰德尔·费尔使用普查数据质疑美国“挨饿的艺术家”现象的存在，但是他的结论可能在讨论的基础上被质疑；见费尔（1980）。

术家是相同的。但要想通过这种方式建立起一个相关艺术家的总体名单是很难的，而且不包括在名单中的人数也许很难准确估计。在这种情况下，使用一些统计技术（如网络抽样或答辩人采样）也许可以延伸这些样本，并联系到那些不在名单中的艺术家；通过这些方式可以测试上述假设的有效性，并更精确地评估这些样本所获得的总体规模。①

文化消费

文化产品的最终消费者处于文化价值链的终端。以下三类文化统计数据代表消费者的需求和行为：

（1）对文化产品的需求

购买有形文化商品的数量和价值会以各种形式记录下来。它们可能通过用户支出数据、商业公司、贸易或行业协会等特殊的产品分类记录下来。用户支出数据包括：

- 由销售监测机构收集和提供的艺术市场数据，例如，主要拍卖行提供的大量的拍卖艺术品价格；
- 由国际唱片业联盟以工作形式收集的唱片业销售数据，这些数据包括对各个国家盗版水平（非法销售的各种音乐拷贝）的估计；
- 各国出版商协会收集的各种书籍、杂志以及报纸的价格和数量。

在有些情况下，有关文化消费特定目的的调查由统计机构执行，它提供销售者购买的各种艺术和文化商品的统计数据。

（2）消费者支出

文化消费可以通过用户支出调查来追踪：或者是调查各种支出（文化支

① 详见赫卡索恩和杰福瑞（2001）、萨甘尼科和赫卡索恩（2004）。

出只是其中一部分），或者集中调查艺术和文化消费。这些方法、调查——由大多数官方统计机构使用的正常的数据收集方式——都无法获得有关个人和住户所有的文化支出。这些数据的国际比较更有问题，有关支出中的特定项目也许可以比较，但各国之间的总概念（如“文化总支出”等）是否可以比较，取决于文化商品和服务的分类。

(3) 出席和参与

一般来说，艺术和文化人员的“参与”或“涉及”包含一系列活动：从作为音乐会或文艺演出的观众主动出席，到积极参与各种表演、舞蹈、创作、音乐表演、电影制作等。在对后者的有关调查中，假定他们是基于娱乐而非为了奖励而自愿参加的，而且是非专业性的。尽管在这些活动中参与的定义非常清晰，但仍然存在一些模糊的概念，尤其是涉及国际比较的时候。如果回避“在阅读或去歌剧院这种‘被动式’的文化参与中是否‘积极’”这类问题时，我们可以在以下方面得出实际的区分：

- 出席：作为文化机构的调查措施或者机构本身的列表；
- 阅读：由书籍、杂志和报纸购买以及图书馆借阅等调查来显示；
- 查看和收听：由电视和电台的评级来评估；
- 在线文化消费的参与：流动式传输或下载和使用之后，作为互联网跟踪及其他服务的测量；
- 创造性地参与艺术活动和文化活动，例如，写小说，合唱，绘画。

所有这些数据可以汇集在参与研究的一般性标题下，其存在形式也是多种多样的。[①]

① 有关参与潜力和缺陷的研究的完整考虑，见舒斯特（2007）。

资产评估

文化统计数据中一个被忽视的领域是文化资产的评估。在第 6 章，我们讨论了文化资本（包括有形和无形资产）的存量和它所产生的服务流量之间的区别。资产评估的问题与前者有关，而且有微观和宏观之分。

微观层面的问题在于试图对艺术博物馆（以各种形式收集的艺术作品）拥有的文化资本进行评估，这个问题实际上与不同机构的会计过程相关。随之产生的问题是：资产持有量中什么价值应该包含在该机构的资产负债表中，如何决定资产的折旧或升值，如何设置以保险为目的的重置价值等。① 当然，难点在于艺术品的市场估价是不确定的，以及在各种情况下估价的不一致性。例如，作者出售自己作品的市场价格可能会大大不同于画廊整体出售藏品时的价格。而且，有人认为艺术收藏品资产价值的充分评估至少应该包含文化价值的。遗产建筑和景点的估计可能面临类似的问题。对非物质遗产来说，这些问题更加复杂，因为不存在固定的、全面的标准来对这些资产进行货币的或文化的价值估值。

在宏观层面，我们注意到在大多数国家宏观经济数据的收集包含以国家物质资产存量作为参考值，这其中可能包括博物馆、历史建筑等文化资本的纯物质资产部分。但是从文化统计的角度来看需要更多的东西。一个国家的文化资本包含多种元素，其中包括建筑遗产、公共和私人拥有的艺术收藏品、历史遗迹，更不用说非物质文化资本项目。衡量这些广泛而又异质的资产存量的总值——即使这项工作的范围只局限在经济价值之内——对文化统计人员来说都是一个艰巨的任务。如果将资产存量的文化价值的评估引入其

① 详见卡内基和沃尼兹尔（1995），卡尔曼（1996）。

中，不难看出这些任务几乎是不可能完成的。

文化基金

最后，从文化政策的角度来看，文化统计的一个最重要的领域是公共财政部门对文化和艺术的介入。正如本书所提到的，各种形态的文化政策在执行中都包含直接或间接的政府支出。根据目前的账户标准格式，各国之间在什么是“文化”的定义上存在具体细节的差异，但政府支出还是以各种形式在国家会计报告中出现。

艺术和文化的公共资金不仅体现在国家层面上，地方政府（州、县、市政当局等）也通过补贴、补助、资本和运作分配对各种文化机构给予投资补贴、税务减免等支持。这些支出的记录、公布的形式和严格性在不同的司法管辖权之间差别很大，以至于有些国家很难（甚至不可能）涵盖所有政府层面来获得文化基金的综合统计数据。

国家内部以及国家之间的这些差异使得文化基金的国际比较极其危险。[①] 人均文化基金水平的比较在许多地方是很流行的，通过建立国家“排名表”来显示各国对艺术和文化的支持。但是这些比较数据存在三个问题。首先，正如本章不断提到的，不同国家使用不同的分类体系来整合他们的数据。其次，比较数据一般不考虑间接支持措施（如税收减免）对公共费用的成本。最后，当集中注意公共部门的支出时，这些统计数据忽视了私人对艺术和文化的支持，而这些支持对完整地了解该行业是必需的。[②]

① 详见麦卡安格海（2005）。

② 详见马德恩有关跨国比较的讨论（2005B）。

一些特殊用途的统计数据

本节将考虑一些与文化政策分析相关的特殊类型的文化统计数据。它们是文化指标、文化的多元统计数据、创意的衡量以及文化卫星账户。

文化指标

指标不仅仅是简单描述一些现象的统计数据，它们还暗含更多的东西，例如，用来连接其他数据以便监督或评估一些情况或过程。它们处在原始数据及其分析的中间位置，换言之，它们处在以原始统计数据为形式的信息供给与以分析和政策制定为目的的信息需要之间。指标可以是定量的，也可以是定性的。

文化指标可以定义为用来感知、监督或评估文化（如艺术、文化政策、项目和活动）的一些方面的统计数据。[①] 例如：

- 收集一套统计数据以表明文化参与和享受的水平；
- 文化机构的演出指标表明其是否成功地达到一定的设计目标；
- “生活质量”指标展示一个城市或地区的文化艺术氛围，或者社区的文化活力；[②]
- 可以用作发展中国家文化发展指标的各种数据；
- 当文化价值的直接衡量不可能时使用，使用一些文化或艺术现

① 详见马德恩（2005A：221）。

② 有关社区文化活力设计指标的主要项目在杰克逊等（2006）的报告中。

象有文化价值的指标。

我们已经付出了很多努力以设计可行的程序来建构和利用各种类型的指标，这其中包括文化指标。[①] 大家一致认为，好的指标需要有理论作为基础，与政策实践相结合，具有相关性，清晰、可测量并且易于理解。

文化多元性的衡量

文化多样性概念成为文化政策的一个关键并日益受到重视，推动了《文化多样性公约》的产生（在第10章讨论过），但这也带来评估方面的问题。如何评估文化表达的多样性？这是恰当使用指标的另一个领域。各种文化现象之间存在区别和多样性差异，多元化的这一性质需要多重数据组合。

在为联合国教科文组织准备的一篇论文中，瑞那陀·福罗斯（Renato Flores）认为要建立一套处理文化多元性的统计框架，需要涵盖以下方面：

- 与个人特征相关的数据，如年龄、种族、民族、宗教等；
- 与文化行业产出相关的数据；
- 文化机构和提供者的数据；
- 有关文化表达的特殊类型的数据，可能根据选址或地理位置来定义，例如地方节日、手工业等等；
- 有关公共和私人赞助来源的数据。[②]

试图将各种数据项目整合成一个或多个“多元性指数”以便作为政策开发的基础，这种想法是诱人的，但是这种尝试在理论、方法论以及实践上都是很脆弱的。

---

① 详见舒斯特（1996，2002a，2003），帕特安艾克（1998），麦金利（1998），福库达—帕若（2001），皮格纳图容（2003）。这一领域的早期文献，参见舒斯特（2001：19—20）。

② 详见福罗斯（2009），李克坎恩（2007）。

创意的衡量

由于创意在文化经济以及文化政策方面具有核心地位，我们将采取各种努力来测量创意在特定环境下的重要性。以下举两个例子：第一，香港文化政策研究中心开发了“创意指数”（creativity index）来测量社会资本——以信任、互惠、合作以及丰富的社会网络来表达——形成一个创意社会的重要基础部分。[①] 第二，西雅图市的华盛顿州艺术委员会以及艺术和文化事务办公室已经提出“创意活力指数”（creative vitality index），以便对该州与艺术相关的创意经济进行评估。该指数综合社区的艺术参与措施，以产生创意对地方经济的贡献指标；社会创意措施用与艺术相关的就业情况的人均数据来衡量。其重要目的是宣传。[②]

文化卫星账户

卫星账户为每个特殊领域提供一个国民核算数据，它比通常的国民核算数据更具体。从本质上说，这些账户扩展了国民账户体系（SNA），而后者是大多数国家衡量宏观经济活动（如国民收入和 GDP）统计数据的基础。建构这种统计体系需要大量数据，由于缺乏专业人员和资源，这种账户相对有限；到现在为止，一些国家的卫星账户包含的领域只有旅游和环境。[③]

根据这些情况，可以想象文化卫星账户开发过程的难度。文化卫星账户可以为拥有大量产品和行业特殊性的文化部门提供有关宏观数据的大量信息。此外，文化卫星账户体系将涵盖与文化部门相关的许多社会和文化领

---

① 详见慧等（2005）。
② 详见埃尔比和赫伯特（2005）。
③ 详见第 8 章提到的旅游卫星账户。

域。但是，至今为止，文化卫星账户的开发仍然处在初始阶段。在此方向上只有两个较为系统的项目：一个是在哥伦比亚由冈翁尼·安德烈斯·贝洛主持的项目，另一个由芬兰统计局主持。这两个项目指出了未来文化统计数据的形式以及更广泛的发展方向。

建立文化统计新框架

如上所述，一些国际标准分类为各个国家提供了设计自己的分类统计系统的模板，这些统计系统涵盖各种经济变量，其中包括行业、职业和产品分类。对于文化统计的特殊领域，联合国教科文组织在 1986 年提出一个框架，该框架为不同司法管辖权之间提供一个统一的国家文化艺术统计汇编，从而为许多国家的文化统计汇编的发展制定了一个指南。但是，自 80 年代以来，社会、经济和技术的变化使原有的框架越来越落后了，这意味着需要在新世纪的第一个十年结束之前设计出一个文化统计新框架。[①]

修订新框架面临的任务之一是建立一套概念基础，以便包含各种文化表现形式，尤其是各种新的生产和消费形式，以及此前未曾有过的文化习俗。最后的构架还建立了文化“域”（cultural domain）的概念，这是指具体的文化行业和文化活动被划归为不同的六个领域：

- 文化和自然遗址；
- 演出和庆祝活动；
- 视觉艺术和工艺品；

① 详见联合国教科文组织统计研究所（2009）。

- 书籍和出版；
- 音频—视频和交互式媒体；
- 设计和创意服务。

此外，还有两个“相关”域：

- 旅游；
- 娱乐活动。

贯穿于上述 8 个域的是 4 个横向域，它们在不同程度上确定了所有的行业和活动。这些横向域是：

- 非物质文化遗产；
- 教育和培训；
- 归档和保存；
- 设备和支持材料。

这个框架为文化产业分类提供了一个基础，使之能在国际、国家或地方层面上用广泛的标准行业分类来整合文化产业的分类。它还可以对文化职业的分类和文化参与的衡量进行技术指标的更新。

文化统计的新框架不会是各国都效仿的蓝图，因为文化统计的特点在不同国家具有不同的重要性。但是它为各国制定文化统计系统提供了一个连贯而一致的基础。在某种程度上，这种架构可以在不同的法律管辖范围内使用；我们希望将来会有更强大、更可靠以及更有国际可比性的文化统计数据出现，这对整个文化政策的制定（从政策的形成到监测和评估）都将大有益处。

结语

描述文化部门的统计数据是制定和执行文化政策的重要补充。他们对有效监测政策战略是必要的，以便能对这些战略的成功与否进行评估。有些国家对待文化统计数据的态度很严谨。例如，加拿大和澳大利亚统计局对这一领域有着长期的兴趣，来自艺术和文化部门为政策制定和政策分析提供了丰富的数据资源。但是，有些国家的文化统计能力的发展相当落后，其文化政策进程不可避免地会受到影响。我们希望本章讨论的文化统计新框架能激起世界各地的文化统计机构收集数据的兴趣。

我们必须记住，统计数据的收集并非为了自己的利益，而是为了更好地讨论和分析文化部门的规模、结构、相互关系、因果关系等。这些讨论的有效性和分析的强度极大地取决于他们拥有的数据和质量，数据收集机构为客户提供一致、综合和可靠的统计数据是其主要职责。

第15章
总结

在街头：孩子们在尖叫
恋人们在哭泣，诗人们在梦想。
可是没有人说话；
教堂的钟全都坏了。
我最景仰的三个人，
圣父、圣子和圣灵
他们坐上去海边的末班火车
就在音乐死了的那天。

唐·麦克林：《美国派》，1971

1999 年，纳若 · 洛斯费德（Rothfield）发表了一篇标题需要大声朗读而不是默看的论文。[①] “文化政策研究?”他问道，并将这个问题重复三次，每次强调一个不同的词。有关于文化的政策研究吗？文化研究与政策有关吗？最后，就算有文化政策这种东西存在，它又有什么好研究的呢？最后这个问题正与本书的宗旨有关。文化政策的存在这一点是足够清楚了，我们已经在第一章里确定了它的范围和内容。但是，文化政策的分析应如何进行，文化政策的研究能为政策制定者提供什么样的建议，这仍然是个问题。

如果对于学术研究和实证分析来说，“文化政策研究”是确实存在的领域，其中的一个主要起源可以追溯到文化研究专业：一个松散的关注文化本质以及文化如何对国家产生全面影响的学术和作家群体。吉姆 · 米贵甘（Jim McGuigan）认为文化研究从一开始就关注解放（emancipatory）政治，将文化建构为政治资源，以便国家统治和管理公民。[②] 然而，文化研究对政策制定涉及的程度，或者是否有助于政策制定，一直是一个有争议的问题——正如该领域内的一些著作所论述的，这些争议还没有明显的结论。[③] 不过，一些在文化研究传统方面为文化政策文献做出贡献的研究者们还是看到了参与政策制定的重要性。例如，托比 · 米勒（Toby Miller）和乔治 · 于迪斯（George Yudice）从历史的反文化角度提出激进的文化政策的重新语境化（recontextualisation）这一概念，并且认为“理解文化政策并对之进行干预是参与文化的一个重要组成部分”。[④] 艾德里安娜 · 斯卡利恩（Adrienne Scullion）和比阿特丽斯 · 加西亚（Beatriz Garcia）在评价米勒

① 详见洛斯费德（1999）。

② 详见米贵甘（2001：191）。

③ 收集在佳斯汀 · 路易斯和托比 · 米勒编辑卷（路易斯和米勒，2003）。

④ 详见米勒和于迪斯（2002：34）。

和于迪斯的观点时说道：

隐含的挑战是在文化政策的思想、意义、理论与文化政策的应用之间找到平衡点，也就是说，在反思文化政策的学术性工作与提供政策制定、执行和评估的应用研究之间找到平衡点。[①]

文化政策领域的研究者就像过去几十年那样执著于文化研究传统，并且已经远远超出这些内容。例如，政治学学者、经济学家和“自我风格”的“政策分析师”——其中过世的马克·舒斯特（Mark Schuster）是一个典型的例子——曾经研究文化生产和消费的过程，搜集并解释文化数据、政府参与艺术和文化事务的目的和机制，以便从理论和应用上得出当今世界文化政策管理方面的实证性和规范性的结论。这些研究者的工作可能会引起文化理论家的愤怒，如弗雷德里克·詹姆森（Frederic Jameson）将与“意识形态国家机器”的合作视为一种邪恶形式的反智性主义；奥利弗·贝内特（Oliver Bennett）则将舒斯特的文化观点描述为一种“历史、价值观和意义——简而言之，人文科学和批判社会学两者的这些独特贡献——已被抽干”的理论。[②] 但是，可以认为社会科学的所有工作是在可认知的社会和政治背景下进行的，这种背景也融入了整个研究过程；就像经济学不能最终被视为一种无价值科学一样，应用文化政策研究也不应被认为对其周遭的社会、文化和经济环境缺乏理解。或许文化研究中这种与传统理论的互动不如某些人希望看到的那么丰富，不过这至少是一种务实的研究文化政策的方式，而且如果认真采用的话，并不会完全缺乏理论内容。实际上，如果它能借鉴悠久的经济思想所建立起来的知识基础，它对价值观和意义的尊重就能得到很好的建造。

① 详见斯卡利恩和加西亚（2005：117）。
② 分别见詹姆森（1993：29－30）；贝内特（2004：244）。

然而，这种自我满足的看法没有完全消除长期以来对某些应用文化政策研究在处理（或是简单地忽略）技术资本主义或新自由主义经济模式在国家或国际政策决策中的影响时所采用的方式的担忧。在当代，全球经济体系的这些重要特征对公共领域——政策得以制定的舞台——有着深远的影响，将权力的中心从公共机构向私人机构转移，并削减了公共领域在处理诸如不平等、不公平、权利被剥夺等一些重要问题上的能力。对于在这种背景下进行的应用文化政策研究来说，仅仅认知其所处的社会、经济和文化的环境可能还不够。文化引发了有关价值需要得到认可的根本问题，但文化政策研究不应想当然地对待这些价值问题。[①]

文化政策研究的一个领域明确关注某些可以用来解决社会和文化公正的更深层次问题的方法，这些方法与文化政策发展的国际议程相关联。其政策参与来自以下三种重要动机：

- 文化多样性及其对经济、社会和文化生活无处不在的重要性所产生的附加值的提升；
- 国际对话作为减少文化冲突和矛盾，增加国内和国家之间相互了解和尊重的一种措施，被认为越来越重要；
- 人权作为文化政策基石的重要作用。

这些问题与联合国教科文组织最近通过的《文化多样性公约》关注的问题密切相连，对此我们已经在前面的章节讨论过。正如我们已经注意到的，公约提供了联合国教科文组织成员国制定和执行文化政策的框架，这与文化在国内和国际事务中的中心作用是一致的。在文化政策制定中，这一新近出现的在国际上普遍受到支持的方法其实是自相矛盾的。一方面，它与实际的

---

① 有关这些问题的详细讨论，见米贵甘（2004）。

文化政策管理机制直接相关：在国内方面，中央政府通过对其所辖领域内执行公约的内容直接参与；在国际事务方面，通过协调各种与文化政策相关标准的政策措施直接参与。但是，另一方面，在不断出现紧张局势的当今世界，文化对话中的诚信和促进文化的多样性（这是这一领域内政策建议的基本特点）多少显得是一个“乌托邦”，而且在可追溯到的不同文化之间的根本性冲突上看是无法解决的。

文化政策研究的演变过程中这些不同组成部分，如何与本书中的内容相关联？经济学应处在全景中的哪个位置？的确，已经有大量的分析文化政策中特定问题的经济研究。那么，写一本如何将经济理论和分析方法运用于当代文化政策领域的书意义何在？我是否应该像洛斯费德（Rothfield）一样在书名后打上问号呢？

不掌握各种充分的材料是很难回答这些问题的。但是，在总结的部分笔者只想说，在将经济理论应用于文化政策分析方面，本书试图做到三件事。

首先，我们可以利用丰富的经济学知识遗产，并提供一个分析框架来整合政策制定的内容并分析其政策功能。在这方面，经济学强调的并不仅仅局限于新古典学派（只局限于经济行为的有限解释），而且还放眼于传统政治经济学更广泛的各种层面；换言之，经济学是灵活的、开放的，并且接受其他社会科学和人文学科领域内知识的影响。

其次，在将经济分析应用于文化政策方面，本书努力展示的是对文化认可的必要性。简而言之，我们认为文化政策制定的特点在于它关注文化及其所涵盖的全部复杂性。这一点似乎是自明的，没有必要在此赘述，但是传统经济学在文化政策分析中经常忽视这一事实。然而经济学的基本要点是价值的基础性概念，而且我们一直认为将经济学适当地应用于文化政策的任何领域都需要明确其涉及的经济和文化价值。

最后，我们强调经济学不仅是文化政策分析的知识框架，而且提供各种能够提出实际政策建议的分析工具。本书涵盖了与艺术和文化相关的各个公共政策领域，而且还提出对文化政策进行分析的各种务实性建议。如果这些建议是经过分析得出并且尊重前面两点考虑，那么这在某种程度上消除了一些人对经济学的怀疑，这些人担心经济学家会主导他们的领域并且剥夺他们的不同声音。

我们现在处在什么样的境地？说文化政策研究处在危机状态，也许是危言耸听。但可以肯定的是，很多力量在往不同方向使劲。可以确定的是，至少有不同的利益集团、政策制定者联盟、学术派别、企业或官僚权利联盟，以及集聚在象牙塔中的理论家，他们都有着促使文化政策向有利于自身利益发展的计划。在这种角逐中谁将占上风？是技术部门的负责人和经济增长的崇拜者使文化政策成为经济数字的奴婢，还是艺术管理部门能够成功地在议会走廊里保留其喜爱的雕像？是旧式的革命者所期待的马克思主义的降临，并最终梦想成真，还是管理顾问和效率专家将文化政策仅仅作为 MBA 课程中的一个备选个案？谁又在乎呢？

不管在政策领域内发生什么，有一点似乎是确切无疑的：我们将不断感受到影响文化政策的外部环境的变化趋势，尤其是全球化的进程。长期以来，世界经济的不断整合以及技术的变化将不断改变我们与艺术和文化的互动方式。生产和消费方式在不断变化以应对技术和品位的变化。在国际上，改善全球的收入和财富分配似乎只是一个模糊的希望。在所有这些情况下，政府将有不可推卸的责任来保护和提高公共利益。在文化政策领域，这将需要不断的警戒以确保对文化产业的扶植在经济前景、促进有益的社会变化以及确保长期的、健康的和有生命力的艺术和文化之间的有效平衡。这是人类文明的基石。